CUANDO LAS

MUJERES

ORAN

TAMBIÉN POR T. D. JAKES

Mujer, bendita eres

Hombre, ¡eres libre!

T. D. JAKES

Autor número uno en superventas del *New York Times*

CUANDO LAS
MUJERES
ORAN

DIEZ MUJERES DE LA BIBLIA
QUE CAMBIARON EL MUNDO
A TRAVÉS DE LA ORACIÓN

Unilit
PUBLICAMOS PARA CAMBIAR VIDAS

Publicado por
Unilit
Medley, Fl 33166

Primera edición: 2022

© 2020 por *TDJ Enterprises, LLP*
Título del original en inglés:
When Women Pray
Publicado por *FaithWords,* una división de *Hachette Book Group, Inc.*
(This edition published by arrangement with FaithWords, *New York, New York, USA. All rights reserved.)*

Traducción: *Rebeca Fernández*
Edición: *Nancy Pineda*
Diseño de cubierta e interior: *producioneditorial.com*

Producto: 495966

ISBN: 0-7899-2653-9 / 978-0-7899-2653-1

Categoría: *Vida cristiana / Crecimiento espiritual / Oración*
Category: *Christian Living / Spiritual Growth / Pray*

Impreso en Colombia
Printed in Colombia

Contenido

Introducción

Empieza el día de la misma manera en que lo ha venido haciendo durante muchos años. Durante décadas. Se arrodilla en el polvo endurecido de su sencillo cuarto, se sienta sobre los talones y apoya la cabeza en el suelo. Inmersa en la quietud que la rodea, aquieta las voces que le llenan la mente. Quiere estar lista para este momento, lista para hablar y escuchar, para ofrecer y recibir.

Lista para orar.

Son las cinco de la mañana y tiene mucho por hacer. Dentro de una hora se reunirá con el resto de las integrantes de su orden para la misa de la mañana. Eso será un respiro. Una oportunidad para sentarse sin que la reconozcan entre las filas de adoradoras de hábitos blancos y azules. Una oportunidad para adorar. Una oportunidad para llenarse.

Luego, llegará el momento para servir. Para dar de sí misma. Cuando se termine la misa, saludará a cada visitante, apretando cada mano que le ofrezcan con sus manos de dedos arrugados. Después, caminará por las calles de la ciudad para visitar a los enfermos y a los necesitados. Hay mucha comida y medicinas por ofrecer. Y consuelo también. A lo largo del camino, buscará a esos que el mundo ha desechado: los enfermos, los inconstantes, los que nadie quiere. Buscará especialmente a esos niños cuyo único refugio son las calles polvorientas y cuyo único alivio son las sobras de comida que les dan los que pasan caminando y tienen compasión de ellos.

Los encontrará y los traerá a casa.

En la tarde, tiene planeado visitar el antiguo almacén del ferrocarril que el gobierno de la ciudad afortunadamente le donó a su orden. Todo lo que tenía que hacer era preguntar. Cuando salude a los leprosos que ahora viven ahí, los tocará a cada uno a propósito. Con ternura. Para que sientan el amor. Para que sientan y conozcan el amor de Cristo.

Más tarde, durante la noche, la llevarán al aeropuerto local para comenzar un largo y arduo viaje rumbo oeste. Aceptó una invitación para visitar uno de los orfanatos de la orden en París. ¿O era la casa en South Bronx, Nueva York? Tendrá que averiguar.

En cualquier caso, todo eso es para después. Todo eso es para el futuro, que es un misterio para todos menos para Dios.

Por ahora, en la quietud de esta sencilla mañana, se acomoda una vez más para orar. Las palabras le salen con mucha facilidad, como debe ser, pues las ha repetido más veces de las que puede recordar:

«Querido Jesús, ayúdanos a esparcir tu fragancia en todos los lugares a donde vamos. Inunda nuestras almas con tu Espíritu y tu Vida. Penetra y posee todo nuestro ser de manera tan profunda que nuestras vidas solo sean un resplandor de la tuya. Brilla a través de nosotros y sé tan real en nosotros que cada alma con la que tengamos contacto pueda sentir tu presencia en nuestras almas. Permite que nos miren y no nos vean a nosotros, ¡sino solo a Jesús!

»Quédate con nosotros para que podamos empezar a brillar como brillas tú, a fin de que seamos una luz para otros. La luz, oh Jesús, vendrá toda de ti, y brillará sobre los demás a través de nosotros.

»Que te alabemos de la manera que más te gusta, brillando sobre los que nos rodean. Que te prediquemos sin hablar, no con palabras, sino con el ejemplo, por la fortaleza que cautiva, la influencia compasiva de lo que hagamos, la llenura evidente del amor que nuestro corazón siente por ti. Amén»[1].

¿Adivinaste la identidad de esta mujer misteriosa? Su nombre de nacimiento era Agnes Gonxha Bojaxhiu, pero el mundo la conoce mejor por un título diferente.

La conoces como madre Teresa.

A los dieciocho años de edad, la madre Teresa comenzó una vida de servicio misionero, un ministerio que vivió con pasión durante setenta años. A través de ese tiempo, buscó a «los despreciados, los desechados y los que nadie quería» en las calles y los barrios de Calcuta. Fundó su propia orden, las Misioneras de la Caridad, dentro de la iglesia Católica, orden que desde entonces se ha expandido para incluir a miles de miembros en más de ciento cuarenta países. Abrió orfanatos y escuelas, hospitales y bancos de comida. Ayudó a cuidar de huérfanos, leprosos, enfermos y moribundos. Fue una de las primeras que fundó una clínica para las víctimas de del VIH y del sida en los años ochenta. Y, durante muchas de sus apariciones públicas, se mostró como una seguidora fiel e incondicional de las verdades que recoge la Palabra de Dios[2].

La madre Teresa vivió como un ejemplo resplandeciente del mandamiento de Jesús de bendecir «al más pequeño de estos». No obstante, sus muchos logros no se basaron en su propia bondad ni en su propia fortaleza, aunque ambas eran considerables. En vez de eso, fundó su ministerio en la roca de la bondad y la fortaleza de Dios, práctica que incluía comparecer cada día delante de su Trono mientras recitaba la oración que aparece antes.

En conclusión, la mujer que ahora muchos reverencian como la Santa Teresa de Calcuta es un testamento de lo que puede suceder dentro de una comunidad y alrededor del mundo cuando una mujer ora.

Nuestro fundamento para la vida

Tanto en la actualidad como a lo largo de la historia, la oración ha sido un fundamento vital de la cultura y la sociedad humana.

Las formas de ese fundamento la estableció Dios mientras caminaba con Adán y Eva en el jardín cuando el día comenzaba a refrescar. Desde el principio, la humanidad se diseñó para vivir en comunicación con nuestro Creador. Luego, la solidez de ese fundamento se derramó a lo largo de los siglos mientras Dios llamaba a personas por medio de las que se revelaba a sí mismo a este mundo.

Abraham fue un hombre de fe que vivió en constante comunicación con Dios; como resultado, Dios prometió bendecir a sus descendientes al transformarlos en una gran nación, y que por medio de Abraham fueran «bendecidas todas las familias de la tierra». Dios le cambió el nombre a Jacob y lo llamó Israel, «el que lucha con Dios», cuando pasó una noche entera luchando con Dios, lo cual es un símbolo de la oración. Moisés, tal vez el líder más grande que haya conocido el mundo, estaba tan dedicado a la oración que con regularidad «hablaba el Señor con Moisés cara a cara, como quien habla con un amigo» (Éxodo 33:11). David, un hombre conforme al corazón de Dios, le escribió salmos y oraciones a Dios con tanto sobrecogimiento que todavía los recitamos miles de años más tarde.

Dios solidificó el lugar de la oración como fundamento para nuestras vidas a través del ejemplo viviente de Jesucristo, que es Dios encarnado. Nuestro Dios desarrolló la costumbre diaria de salir «muy de madrugada, cuando todavía estaba oscuro», a orar (Marcos 1:35). Más adelante, Jesús le enseñó al mundo cómo orar cuando dijo «Padre nuestro que estás en el cielo, santificado sea tu nombre» (Mateo 6:9). Y la noche antes de la crucifixión, el momento más importante en la historia de la humanidad, el Hijo se inclinó ante el Padre y oró con tal intensidad que su sudor era como grandes gotas de sangre. «No se cumpla mi voluntad, sino la tuya» (Lucas 22:42).

Los escritores del Nuevo Testamento se esforzaron mucho para enfatizar el papel fundamental que la oración debe tener en nuestras vidas, así como los beneficios que recibimos al ponerla en práctica. El apóstol Pablo escribió: «No se inquieten por nada; más bien, en toda ocasión, con oración y ruego, presenten sus peticiones a Dios y denle gracias» (Filipenses 4:6). ¿El resultado? Encontraremos «la paz de Dios, que sobrepasa todo entendimiento» (v. 7). Santiago les exhortó a los seguidores de Cristo: «Confiésense unos a otros sus pecados, y oren unos por otros». ¿Por qué? «Para que sean sanados» (Santiago 5:16). Y el autor de Hebreos nos animó a «acercarnos confiadamente al trono de la gracia para recibir misericordia y hallar la gracia que nos ayude en el momento que más la necesitemos» (Hebreos 4:16).

Fíjate que ninguno de esos pasajes está escrito como una sugerencia que deberíamos tener en cuenta. Son mandatos que debemos obedecer.

Vale la pena repetir: tanto en la actualidad como a lo largo de toda la historia, la oración ha sido un fundamento vital para todos los que escogen seguir a Dios. No cabe duda de que, sin establecer una conexión directa con Dios a través de la oración, no es posible seguirlo. No tendremos idea de hacia dónde nos conduce.

Ahora bien, creo que sé lo que estás pensando mientras lees estas páginas. *Obispo Jakes, se supone que este libro trata acerca de mujeres que oran, pero sigue hablando de hombres. Mencionó a Abraham, Moisés, David y Pablo. ¿Qué pasa?*

Mi respuesta es que, a pesar de que han existido muchos grandes hombres de oración a lo largo de los siglos, las mujeres son las que, por lo general, han llevado la mayor parte de esa carga.

Tanto en la actualidad como a lo largo de la historia, las mujeres han sido especialmente poderosas a la hora de llevar el manto de la oración. Si bien los hombres del pasado cortaron la madera y prepararon la tierra para edificar nuestras casas y ciudades, las oraciones de las mujeres fueron, en gran parte, las que establecieron el santuario espiritual de nuestras familias. Mientras los hombres tomaban las armas para pelear las grandes guerras de la historia, las oraciones y las peticiones de las mujeres casi siempre han detenido la marea de la maldad en la batalla espiritual. Y aunque la mayoría de los puestos de liderazgo en nuestras iglesias los ocupan los hombres, casi siempre son las mujeres las que llenan nuestros santuarios con oración y expresiones de alabanza que llegan hasta el mismo trono de Dios.

He visto estas verdades cumplirse en mi propia vida. Mis dos abuelas estaban dedicadas a la oración.

Eran mujeres valientes y decididas que tomaban en serio su papel como parte de la base espiritual de sus familias y comunidades. Mi madre estaba ocupada como educadora y como inversionista en bienes raíces; no obstante, cada día dedicaba tiempo para enseñarles a sus hijos a orar y para invertir en nuestras vidas espirituales. ¿Y qué puedo decir de mi esposa, Serita? Es mi compañera fiel en la vida y en el ministerio y, a pesar de eso, todavía me asombro de la facilidad con que entra a la presencia de Dios y del poder de sus oraciones.

En especial, me encanta la manera en que Serita ha orado por nuestros hijos a lo largo de sus vidas. Recuerdo cómo sostenía a cada uno de esos pequeños bebés en sus brazos y, con la cabeza inclinada, murmuraba con suavidad bendiciones acercándose a los oídos de esos bebés soñolientos. Todavía puedo verla parada afuera de cada uno de los cuartos de los niños por la noche, también con la voz suave pero esta vez con los brazos en alto en intercesión. Una guerrera enrolada en la batalla.

Incluso, ahora siento que mi corazón se conmueve con esos recuerdos. ¡No hay nada como las oraciones de una madre!

No solo he visto en mi propia vida la maravilla y la humildad de las mujeres que oran, sino que también me he beneficiado de tales mujeres, y mucho. No me cabe duda de que hoy escribo estas páginas gracias a las oraciones de las matriarcas que me precedieron. Cualquier éxito que haya tenido en la vida y el ministerio tiene una conexión directa con las mujeres que me han apoyado y alentado, no solo con su arduo trabajo y sabios consejos, sino también con sus constantes oraciones.

Nuestro mundo es un lugar estresante en muchos sentidos. La vida cambia de manera constante y a cada momento nos presenta nuevos retos. No obstante, miro al futuro con confianza y alegría. ¿Por qué? Porque sirvo a un Dios grande y poderoso. Y porque he sido testigo con mis propios ojos de todo lo bueno que puede suceder cuando las mujeres oran.

Un nuevo llamado a la oración

Hablando de cambio, vale la pena destacar que los cambios en nuestro mundo a menudo traen consigo nuevas bendiciones en nuestras vidas. Eso es cierto sobre todo con respecto a las mujeres en la historia reciente.

Cuando observo las culturas y las sociedades actuales, veo a mujeres que se abren paso de las maneras más inimaginables. Las mujeres están asumiendo cada vez más puestos corporativos, y con gran éxito. Gobiernan países, lideran con integridad y pasión. Abren negocios y encabezan innovaciones. Sobresalen en las aulas, en las juntas y en todas partes.

Resulta asombroso que las mujeres han llevado a cabo estos avances fuera de casa sin sacrificar las preciosas vidas dentro del hogar. Debido a los cambios, tanto en la tecnología como en las normas sociales, las mujeres modernas equilibran el trabajo y la familia en formas que les habrían parecido imposibles a las madres de las generaciones anteriores. Se están casando con maravillosos hombres de Dios y criando a su lado a hijos dotados que, a su vez, bendecirán al mundo futuro.

Como pastor, me siento feliz por el progreso que he visto en la vida de las mujeres en mi comunidad y en el mundo en general. Todos nos beneficiamos de esos avances. Todos ganamos cuando las mujeres tienen mayor influencia en la sociedad.

Como padre, sin embargo, y en especial padre de hijas, es difícil expresar la profundidad de mi gratitud. Qué alegría y qué bendición saber que las mujeres de generaciones anteriores abrieron nuevas puertas para mis hijas, y que mis hijas ahora tienen la oportunidad de labrar emocionantes panoramas para su descendencia.

¡Alabado sea Dios!

No obstante, existe el peligro de que, en nuestra marcha hacia el progreso y la prosperidad, dejemos atrás uno de los ingredientes clave para nuestro éxito. Me refiero a la oración.

Este libro es un llamado a las mujeres de todas las generaciones para que continúen su marcha hacia la igualdad y el empoderamiento, pero que lo hagan abrazando una vez más el poder de la oración. Este es un llamado a las mujeres de todas las comunidades para que sueñen como sus hijas y oren como sus abuelas.

El mundo del futuro va a necesitar mujeres que comprendan tanto el poder como la protección que están disponibles solo mediante la oración. Vamos a necesitar mujeres guerreras que puedan alzar sus espadas en la continua lucha contra la opresión y la injusticia, y vamos a necesitar mujeres con escudos para defender al inocente y al incapacitado.

Solo a través de la oración es que tal movimiento podrá sostenerse. Solo a través de la oración es que estos maravillosos avances no solo permanecerán, sino que también continuarán.

De la misma manera, quiero que las mujeres recuerden la maravilla de la oración no solo como un principio general, sino también como algo vital en sus propias vidas. La oración alivia el estrés. Rompe cadenas. Trae paz, y cada hijo de Dios la necesita, sin importar la edad ni la experiencia.

Recuerdo que vi una conversación entre Oprah Winfrey y Maya Angelou en *SuperSoul Sunday*. Hablando de la oración, Angelou dijo: «Cambia las cosas». ¡Qué cierto es eso!

Angelou prosiguió describiendo las formas en las que se había beneficiado de la oración en lo personal. «Sé que cuando oro, sucede algo maravilloso. No solo a la persona o las personas por las que oro, sino que también a mí me sucede algo maravilloso. Me siento agradecida de ser escuchada»[3].

Eso es lo que quiero para ti. Que seas escuchada. Que seas sostenida. Que encuentres la alegría, la paz y la confianza que tu Creador desea que recibas de Él mucho antes de la fundación del mundo.

En las páginas que siguen a continuación, encontrarás historias de mujeres que vivieron estas verdades. De manera específica, encontrarás a diez mujeres de la Biblia cuya inclinación hacia la oración en todas las circunstancias las hizo destacarse como ejemplos resplandecientes en la oscuridad del mundo antiguo.

A medida que leas, mi oración es para que la luz que esas mujeres reflejan ilumine tanto tu mente como tu corazón para que sigas sus ejemplos. Mi oración es que conozcas la profundidad del conocimiento, el aliento de la compasión y la plenitud de la alabanza que todas las mujeres pueden experimentar cuando, de manera activa e intencionada, doblan sus rodillas para orar.

CAPÍTULO I

Ana

Cuando las mujeres oran, Dios trae nueva vida.

El día había sido largo y Elí se sentó agradecido en su silla, cerca de la entrada del tabernáculo. Estiró las piernas y flexionó los dedos de los pies, intentando aliviar los padecimientos y las dolencias que ya le eran conocidos después de tantos años de trabajo.

A su alrededor, la ciudad de Siló no descansaba ni un instante. Un numeroso grupo de viajeros había llegado para ofrecer sus sacrificios a Dios. Las personas y el ganado merodeaban por los diferentes jardines, cada uno a la espera de su turno. El olor a fuego y humo llenaba el aire, impregnado con el tentador aroma de la carne asada.

Desde su silla, Elí podía escuchar las voces de sus hijos, Ofni y Finés, mientras realizaban los sacrificios en el interior del tabernáculo. Proclamaciones de bendiciones sobre familias y niños. Declaraciones de perdón. Votos y exhortaciones ofrecidas a Dios junto con la carne, la sal y el pan necesarios.

Debido a su avanzada edad, Elí les había pasado muchas de las responsabilidades de esos sacrificios a sus hijos. No obstante, Elí seguía siendo el sumo sacerdote, lo que implicaba que todavía tenía mucho por hacer. Mucho por llevar a cabo y muchas personas por saludar. Aun así, por ahora permanecía en su silla, disfrutando el descanso.

Algo que vio con el rabillo del ojo le hizo observar con detenimiento al otro lado del césped. Vio a una mujer caminando sola, lo que era algo inusual. No, en realidad no caminaba, más bien se tambaleaba. Se apretaba el pecho con ambos brazos, y daba tumbos y rebotaba entre las personas, los caballos y el ganado, como si tuviera los ojos cerrados. Cuando se volteó en su dirección, Elí pudo ver que, en efecto, sus ojos *estaban* cerrados. Lo que es más, movía los labios muy rápido sin decir una palabra. Murmuraba para sí misma.

El viejo sacerdote meneó la cabeza. Ya lo había visto en muchas ocasiones. Algunas familias ricas que ofrecían grandes sacrificios hacían juntos una gran comida con la porción de la carne que les pertenecía, y a menudo la acompañaban con porciones más que generosas de vino.

Lo que se suponía que fuera una celebración de la bondad de Dios y de la limpieza del pecado, se podía convertir con facilidad en un desenfreno.

«¿Cuánto tiempo vas a estar borracha?», le gritó Elí a la mujer. Él mismo se sorprendió un poco de su estallido, pero no podía soportar ver tal corrupción tan cerca de la casa de Dios. «¡Deja el vino!».

Cuando la mujer abrió los ojos y lo miró, Elí se estremeció. No pudo evitarlo. El dolor que vio en su rostro le dijo que se había equivocado en su juicio.

Ah, se había equivocado en gran medida.

Dos verdades acerca de Ana

Ana, la mujer que acabo de describir, es la primera mujer de oración que quiero destacar en estas páginas. Hay muchas razones para mi elección. Por una parte, la historia de Ana es fascinante. También es conmovedora e inspiradora. Sin embargo, la razón principal por la que empiezo este libro con Ana es que su historia es muy accesible. Cualquiera puede identificarse con ella.

Puedo asegurar que la historia de Ana se conectará con tu historia de muchas maneras importantes.

Para comenzar, hay dos verdades que necesitamos conocer acerca de Ana, a fin de comprender la profundidad de su historia. La primera es que Ana vivía con un anhelo incumplido.

En I Samuel leemos que Ana estaba casada con un hombre rico llamado Elcaná. Sabemos que era rico porque tenía suficientes recursos como para viajar con toda su familia al tabernáculo de Dios en Siló todos los años para hacer sacrificios por su familia. No solo eso, sino que el sacrificio que Elcaná ofrecía eran de ganado, ovejas, cabras o toros. En la ley judía, a las familias más pobres de Israel se les permitía usar pan o granos para sus sacrificios, o tal vez un par de aves. Sin embargo, Elcaná tenía una provisión completa de carne. Era rico.

Hay algo más. Ana no solo estaba casada con un hombre rico; las Escrituras dicen que él «la amaba» (I Samuel 1:5), lo que significaba que Ana tenía la bendición de tener estabilidad financiera, un esposo que la amaba y una vitalidad espiritual dentro de su familia.

¿Qué podía andar mal entonces? ¿Qué podía faltarle?

La respuesta era hijos. Ana era estéril. En vez de cargar un niño, cargaba un anhelo incumplido. No obstante, hay otra capa del anhelo de Ana que es importante que descubramos si queremos entender la profundidad de su situación, la profundidad de su dolor.

Mucho antes en el libro de Génesis, Dios le hizo la promesa a Eva de que uno de sus descendientes se iba a levantar y le iba a aplastar la cabeza a la serpiente que conocemos como Satanás. El versículo es Génesis 3:15, que los teólogos llaman el *protoevangelio* o «primer evangelio». Con el beneficio de la historia, sabemos que ese versículo se refiere a Jesús, cuya muerte en la cruz fue el martillazo que destruyó los planes y el poder de Satanás para toda la eternidad.

Sin embargo, para los antiguos israelitas, la promesa de Génesis 3:15 era una fuente constante de esperanza. Sin importar lo oscuro que se volviera el mundo, sin importar lo siniestras que fueran las personas, contaban con la promesa del Creador de que se derrotaría la maldad. Como resultado, las mujeres hebreas se consideraban bendecidas al dar a luz. Cada nueva vida que se formaba en el vientre era una extensión de la promesa de Dios de que un día se enderezarían todas las cosas torcidas.

Por tanto, el anhelo de Ana no solo tenía que ver con tener un hijo, sino con la oportunidad de participar de esa bendición. De esa promesa. Quería una oportunidad para dar a luz a Aquel que, en última instancia, les traería la luz a todos. Su infertilidad la excluía de esa oportunidad, lo que hacía que su anhelo incumplido fuera mucho más doloroso.

Mi papá me enseñó a nunca hacer una pregunta cuando ya sé la respuesta, así que no te voy a preguntar si tú también tienes un anhelo incumplido. Sé que lo tienes.

Tal vez te parezcas a Ana, pues durante años has anhelado sentir la suave piel de un bebé rozar tu mejilla y escuchar la risa de los niños en tu hogar. Tal vez anheles tener un cónyuge con quien compartir tu vida, o quizá anhelas que tu cónyuge actual te tocara y te hablara con ternura en vez de hacerlo con dureza. Tal vez tu anhelo tenga que ver con una carrera que te ayude a encontrar sentido y propósito. Tal vez tenga que ver con la estabilidad financiera. Tal vez sea una casa en la que te sientas segura. Tal vez sea un conocimiento más profundo de Dios y experiencias más profundas con Él.

Cualquiera que sea tu deseo específico, todos llevamos la carga de anhelos incumplidos. Todos sentimos el peso y el vacío de los sueños que todavía no se han hecho realidad.

La segunda verdad que necesitamos conocer acerca de Ana es que tenía una rival. Las Escrituras dicen que Elcaná tenía dos esposas: Ana y Penina. Y escucha esto: «Elcaná tenía dos esposas. Una de ellas se llamaba Ana, y la otra, Penina. Esta tenía hijos, pero Ana no tenía ninguno» (I Samuel 1:2).

¿Puedes sentir el dolor en ese versículo? ¿La frustración? El texto continúa diciendo que Penina continuamente «atormentaba» a Ana debido a su situación. Exasperaba a Ana a propósito y le recordaba su infertilidad. Esto sucedía con tanta frecuencia y le causaba tanto dolor que a menudo «Ana se ponía a llorar y ni comer quería» (1:7). Vivía un luto permanente por su ausencia de hijos, y a cada momento su rival le recordaba esa ausencia.

De la provocación a la oración

¿Cómo respondes cuando te provocan? No estoy preguntando cómo se *supone* que las personas reaccionen ni cómo te *gustaría* responder. ¿Cómo *respondes* tú?

Por ejemplo, ¿cómo respondes cuando entra en tu órbita alguien que tiene el aspecto que te gustaría tener? ¿O entra en la órbita de tu esposo? ¿Cómo respondes cuando un compañero o compañera de trabajo obtiene la promoción que tú merecías? ¿Cómo respondes cuando esa madre en el parque dice algo desagradable porque tus hijos no se comportan tan bien como los suyos? ¿Cómo respondes cuando un rival te provoca?

Según mi experiencia, hay dos formas básicas en que respondemos a la provocación. La primera es sentir celos. Tener envidia.

Cuando ves a alguien viviendo una bendición que has anhelado recibir, te queda ese sabor amargo en la boca. Sientes codicia al imaginar lo dulce que sería la vida si tuvieras lo que ella tiene y ella estuviera atascada con lo que tú has tenido que lidiar todos estos años. *Ni siquiera valora lo que tiene. ¿Por qué rayos Dios es tan generoso con ella cuando yo oro, me sacrifico y me esfuerzo tanto, y durante mucho más tiempo que ella?*

Incluso, puedes llegar a un punto en tu envidia y tu amargura en el que intentes hacerle una crítica demoledora a la otra persona para sentirte mejor. Puede que te engañes creyendo que si logras que tu rival se sienta deficiente vas a mejorar, de alguna forma, tu propia situación.

O puede que incluso te comportes de manera cínica con respecto a Dios mismo. *Señor, tú sabes que merezco esta bendición más que ella. Dios, no puedo creer que me hayas ignorado un mes tras otro, un año tras otro y que, no obstante, respondas al instante a las necesidades de alguien que ni siquiera te adora. ¡No es justo!*

Hablando con franqueza, la tentación de caminar por esta senda es muy grande para los pastores y líderes. Recuerdo muchas veces, durante las primeras décadas de mi ministerio, cuando miraba a los demás y sentía la atracción de la envidia. De la amargura. *Imagínate el impacto que podría tener si tuviera esa clase de plataforma. Imagínate lo que podría alcanzar nuestra iglesia si tuviéramos el presupuesto de esa iglesia o el edificio de aquella iglesia.* Muchas veces estuve en peligro de entrar en el cinismo si no me hubiera salvado el consejo sabio de las personas que Dios puso en mi vida para guiarme hacia un mejor camino.

Por fortuna, hay un camino mejor.

La segunda opción que tienes cuando un rival te provoca es orar. Puedes reconocer en específico que, si Dios decidió enviar una bendición sobre la vida de tu rival, también tiene el poder de hacer nacer esa misma bendición, o incluso una mayor, en ti. Eso significa que te debes volver a Él en oración y pedirle esa bendición en vez de poner las manos en lo que ya Dios le dio a otra persona.

¿Te has dado cuenta de que a menudo Dios trae rivales de *manera intencional* a tu vida para provocarte? No para provocarte al enojo ni a la envidia, sino para provocarte hacia la grandeza. Para impulsarte y guiarte hacia el potencial que Él ve en ti. Cuando te encuentras con personas que se ven mejor, les va mejor, tienen más amor, aman mejor, se visten mejor, conducen mejor, cualquier cosa que sea «mejor», debes comprender que existe una posibilidad real de que Dios esté usando esa provocación para apuntarte hacia Él, a fin de que pueda bendecirte de la misma manera.

Ana escogió el camino de la oración. Después de una confrontación dolorosa en particular durante una cena con Penina mientras la familia estaba en Siló, Ana se levantó de la mesa y oró durante todo el trayecto hasta el tabernáculo. La casa de Dios.

Cuando Elí la vio, ella estaba «con gran angustia» y «llorando desconsoladamente». Comenzó a orar al Señor: «Si te dignas mirar la desdicha de esta sierva tuya, y si en vez de olvidarme te acuerdas de mí y me concedes un hijo varón» (1:11). Cuando el sumo sacerdote la confrontó, Ana le contestó: «No, mi señor; no he bebido ni vino ni cerveza. Soy solo una mujer angustiada que ha venido a desahogarse delante del Señor. No me tome usted por una mala mujer. He pasado este tiempo orando debido a mi angustia y aflicción» (1:15-16).

Permíteme detener la historia por un momento para hablar de un principio que creo que es básico para la oración: siempre que te acerques al trono de Dios, sé tú misma.

Fíjate que Ana no usó palabras rebuscadas ni elegantes mientras oraba. Clamó a Dios. Incluso cuando estaba llorando amargamente, hablaba y clamaba mientras lloraba. Oró con intensidad. Oró con fervor. Oró con tal pasión y deseo que Elí pensó que estaba borracha. ¡Qué bueno que dijeran lo mismo de nosotros! Que digan eso de nosotros cuando inclinamos nuestros rostros a tierra frente a nuestro Padre celestial y presentamos ante Él nuestras necesidades más profundas.

¿Sientes a veces que Dios te concedería tu petición si tan solo emplearas las palabras apropiadas para orar? ¿Si tan solo pudieras encontrar esa frase exacta para marcar la diferencia? Desecha ese pensamiento. No hacen falta palabras mágicas para orar. Solo hace falta la gracia de Dios.

¿A veces crees que Dios contestaría tus oraciones si tan solo alguien especial orara por ti? ¿Alguien ungido? ¿Alguien más espiritual que tú o más santo que tú? Desecha esa idea. La Biblia dice: «No hay un solo justo, ni siquiera uno» (Romanos 3:10). No necesitas a nadie para hacer que tus oraciones sean más eficaces. Necesitas que el Espíritu Santo de Dios interceda por ti.

¿Crees que Dios le prestaría más atención a tus oraciones si fueras una mejor persona? ¿O tratas de comportarte mejor o de actuar de manera más «piadosa» durante los días que estás orando porque piensas que Dios te va a tomar más en serio cuando eres más espiritual? Deja eso. No puedes obligar a Dios ni exigirle que haga lo que quieres; solo puedes arrodillarte a sus pies, derramar tu corazón, creer que responderá y que su respuesta será para tu bien.

En resumen, cuando te presentes ante Dios en oración, ve tal como eres. Deja de preocuparte por tu imagen y deja de preocuparte por tu apariencia, y por lo que las personas van a pensar de ti. Póstrate de rodillas ante Dios con pasión y fervor, ¡y Él abrirá las ventanas de los cielos y derramará una bendición mucho más grande de lo que te imaginas!

Eso fue lo que experimentó Ana.

Bendiciones de vida

Me encanta lo que dice la Escritura en I Samuel I:19: «Al día siguiente madrugaron y, después de adorar al SEÑOR, volvieron a su casa en Ramá. Luego Elcaná se unió a su esposa Ana, y el SEÑOR se acordó de ella».

La última frase del versículo 19 es la que siempre me conmueve: «el SEÑOR se acordó de ella». ¿Por qué? Porque oró.

Ahora bien, eso no significa que Dios se hubiera olvidado de Ana antes de esa oración. No se trata de una escena en la que Dios estaba afuera de la casa lavando el auto y recibió un mensaje de texto celestial que decía: «Ana quiere un bebé», y entonces se golpeó la cabeza y dijo: «Me olvidé de ella». ¡No! Nuestro Dios lo sabe todo y lo ve todo. Nunca deja de ser soberano, y siempre está pendiente de cada momento de nuestras vidas.

Las palabras *se acordó* en el versículo 19 es una forma de destacar en el idioma hebreo que Dios tomó la decisión de actuar. Dios había escuchado cada una de las oraciones anteriores de Ana durante todos los años de su vida. Había contestado cada una de las oraciones anteriores diciendo: «Espera». «Espera». «Todavía no». «Espera un poco más».

Sin embargo, en este momento, después de esta oración específica, Dios se acordó de Ana y cambió su respuesta. Su respuesta a esa oración fue sí. Como resultado: «Ana concibió y, pasado un año, dio a luz un hijo» (1:20).

Déjame decirte algo desde lo más profundo de mi corazón que quisiera que escucharas: Dios se acuerda de ti. Sé que puedes encontrar eso difícil de creer, pero escúchame: Él se acuerda de ti. ¡Siempre se ha acordado de ti!

Todas las noches que te preguntaste y te preocupaste acerca del futuro, Dios se acordó de ti. Todas las veces que tuviste que arreglártelas, Dios se acordó de ti. Todas las veces que abrazaste una almohada y lloraste hasta quedarte dormida, Dios te vio y estuvo a tu lado y se acordó de ti. Sí, a veces haces cosas por otras personas y ellas te olvidan, pero Dios no te olvida. Creo que el Señor planificó desde el principio que estuvieras en este lugar en este momento leyendo las palabras de esta página porque quiere que sepas que Él se acuerda de ti.

Dios no te ha olvidado. Así como no se olvidó de Ana.

Lo que es más, Dios tiene un plan para ti, así como tenía un plan para Ana. Tenía, de manera específica, un plan para traer una bendición a su cuerpo, para darle vida a su vida.

Dios desea activamente crear una nueva vida en nuestro mundo. Él desea activamente traer una nueva vida a tu familia. Incluso, cuando crees que tu sueño está muerto, Dios está listo y dispuesto a resucitar ese sueño y soplar vida en eso que tú dabas por perdido.

Por eso es que me siento tan ansioso de ver una nueva generación de mujeres que oren, ¡pues la oración es la llave para abrir las bendiciones de Dios!

Mira lo que dijo Ana en el versículo 20: «Le puso por nombre Samuel, pues dijo: "Al SEÑOR se lo pedí"». Ana pidió. Esa es la belleza y la sencillez de la oración. A menudo volvemos la oración más complicada de lo que tiene que ser, pero el centro de la oración solo es hablar con Dios. Es contarle nuestras necesidades y deseos, y pedirle que actúe. También es escuchar su voz cuando contesta esas peticiones, porque sí las contesta.

El nombre *Samuel* significa «Dios escucha». ¿Acaso no es maravilloso saber que servimos a un Dios que nos escucha? No servimos a los ídolos de la antigüedad que eran sordos y mudos debido a que los tallaban manos humanas. Servimos a un Dios cuyas manos se extienden para tocarnos, cuyos ojos nos miran con bondad y cuyos oídos están siempre atentos a nuestras oraciones.

Dedica un momento a pensar en tus anhelos incumplidos, esos sueños y deseos que has llevado contigo durante lo que te parece una eternidad. ¿Le hablas a Dios sobre ellos? ¿Le has pedido a Dios que los reciba? Si es así, sigue pidiéndoselo. Dios te escucha. Él no te ha olvidado.

Si no le has estado pidiendo a Dios que reciba esos anhelos, no hay mejor tiempo que el presente. No necesitas palabras elegantes. No necesitas limpiarte ni encontrar un predicador para que ore por ti. Solo ve a Dios como eres, y pide.

Porque cuando las mujeres oran, Dios trae vida nueva.

CAPÍTULO 2

María

Cuando las mujeres oran, Dios trae redención
y reconciliación a las tinieblas.

La joven se sentó en el suelo frente a la casa de su familia, con los brazos rodeando sus rodillas y la cabeza baja. Temblando un poco a causa de los sollozos silenciosos, se sintió más como la niña que solía ser que como la mujer en la que todos esperaban que se convirtiera.

Solo varios años atrás estaba feliz de vivir como una niña. Sin preocupaciones. Cuando no tenía que ayudar a su mamá a hacer la comida o el trabajo de la casa, podía correr con los otros niños por las calles de Nazaret hacia las afueras. Lanzaban piedras de las colinas y escuchaban cómo se estrellaban contra las cuestas rocosas.

Ahora, todo era diferente.

Incluso meses atrás la vida era normal. Mejor que normal, era dulce. Abundante. José la había escogido. Le había propuesto matrimonio. Habían caminado juntos por esas mismas calles, mientras hablaban y soñaban sobre todo lo que les deparaba el futuro. Era un buen hombre. Un carpintero, orgulloso de lo que podía construir. Tenía una buena familia, cuyas raíces se remontaban al mismo rey David.

Ahora todo había cambiado.

José se comportó con amabilidad la última vez que hablaron. Incluso atento. No obstante, también fue firme. Le dijo que no quería avergonzarla en público. El divorcio sería tranquilo. Tan respetuoso como fuera posible. Aun así, su compromiso había terminado. No habría un futuro. No más sueños. No habría una casa construida con sus propias manos, al menos no para ella.

María contuvo el aliento por un instante y, luego, lo soltó. Una señal de frustración y dolor. Por enésima vez, volvió a pensar en la mañana cuando todo se volvió tan complicado.

El ángel le dijo que era muy favorecida, pensó. *Le dijo que el Señor estaba conmigo. Sin embargo, ¿será cierto? ¿Cómo podría ser cierto?*

Sin darse cuenta, se puso la mano en el vientre, descansando donde crecía una nueva vida y que ya había empezado a mostrarse. Sin duda, esa parte del mensaje del ángel fue cierta. Nunca había estado con un hombre, pero a pesar de eso estaba embarazada. Y a pesar de lo cauteloso que fue José en el asunto del divorcio, muy pronto todos se enterarían en Nazaret.

Inclinó la cabeza otra vez, en esta ocasión para orar. *Mi Dios, ¿cómo sigo adelante? ¿Cómo voy a sobrevivir a esto?*

¿Hay alguna forma en que pueda convencerlo de que se quede conmigo?

La vida es complicada

Ha habido muchas ocasiones en mi vida cuando he deseado dejar de ser el centro de atención. Tan solo mantenerme en oscuridad durante unas pocas semanas. Incluso mucho antes de que me convirtiera en conferenciante, autor con una audiencia, y todo eso, hubo muchos momentos en los que deseé dejar de ser el centro de atención en mi comunidad. O en mis amistades. O en mi familia.

A veces es mucho más cómodo ser desconocido y pasar inadvertido.

En mis conversaciones con mujeres de todo el mundo durante los últimos años, ha quedado claro que el centro de atención es más grande y más penetrante que nunca antes. Vivimos en un mundo y en una época de la historia en la que todo el mundo está mirando a todo el mundo. Debido a la tecnología y a las redes sociales, tal pareciera que todo el mundo tiene acceso a todo el mundo, lo que significa que todo el mundo está en el centro de atención a cada momento.

No solo eso, sino que vivimos en un mundo donde hay más presión que nunca antes para fingir que la vida es fácil. Que lo sabemos todo y que todo está bajo control. Que somos saludables, ricos, sabios, felices y libres, sin ninguna nube de tormenta en el horizonte.

María sabía la verdad. Sabía que la vida es complicada.

Nosotros también entendemos que la vida es complicada. Lo sabemos por experiencia, aunque con frecuencia sentimos la presión de fingir lo contrario. Tal vez eso sea cierto en tu caso.

Cuando invitas a los miembros de tu grupo pequeño a cenar el jueves por la noche, la casa está impecable. Las ventanas y los espejos brillan con el reflejo de la luz. No hay ni una pizca de polvo en el aire ni en las persianas. Tus invitados todavía pueden ver las líneas que acaba de dejar la aspiradora en la alfombra, y no hay señales de desorden en ningún lugar. Un lugar para cada cosa y cada cosa en su lugar. No obstante, si esos mismos invitados hubieran llegado de repente el lunes por la noche, ¿qué habrían encontrado? ¿Y el miércoles por la mañana? ¿Y el jueves una hora antes de la reunión del grupo pequeño?

La vida es complicada.

Cuando llegas al trabajo el lunes por la mañana, te muestras confiada, clara y en control. En primer lugar, te ves maravillosa. Diseñaste un plan para toda la semana: cada proyecto que empezarás y terminarás, y cada cosa que asignarás a tus empleados. Incluso le añadiste colores. Eres la misma imagen de una administradora ejemplar lista para dirigir a tu equipo hacia la victoria. En cambio, si ese equipo pudiera ver más allá de la fachada de tu realidad externa, ¿qué encontrarían adentro? ¿Y si pudieran ver tus temores? ¿Tus dudas? ¿Tu estrés? ¿Tu frustración? ¿Qué pensarían?

La vida es complicada.

Cuando tus vecinos pasan por tu casa cada mañana, no pueden evitar sentir una punzada de envidia. Han visto el auto que conduces. Vieron la nueva terraza que construyeron en el fondo (aunque tú la llamas pérgola). Han visto la forma en que tus hijos podan el césped y recogen las hierbas cada sábado por la mañana. Incluso, te vieron a ti y a tu esposo mientras se besaban en la terraza después de la salida del viernes por la noche. Entonces, ¿qué tal si esos vecinos pudieran ver más allá de las paredes? ¿Qué tal si pudieran ver el estado de cuenta de tu tarjeta de crédito? ¿Qué tal si pudieran escuchar las discusiones? ¿Qué tal si pudieran sentir lo que tú sientes cuando llega y pasa la hora de la cena, y a tu esposo se le olvidó llamar otra vez? ¿Cómo te sentirías si ellos supieran todo lo que sabes?

La vida es complicada.

Como ya dije, María entendía la verdad acerca de la vida, pues su vida se había vuelto complicada. Mira lo que dice la Escritura: «El nacimiento de Jesús, el Cristo, fue así: Su madre, María, estaba comprometida para casarse con José, pero, antes de unirse a él, resultó que estaba encinta por obra del Espíritu Santo. Como José, su esposo, era un hombre justo y no quería exponerla a vergüenza pública, resolvió divorciarse de ella en secreto» (Mateo 1:18-19).

Imagínate lo confusas que tienen que haber sido las cosas para María cuando todo empezó a salir mal. Su prometido decidió terminar la relación. Era una adolescente embarazada en una sociedad donde, según la ley, podían apedrear a las adolescentes embarazadas hasta morir. En el mejor de los casos, le esperaba el ridículo y el suplicio de una vida de rechazo por parte de una comunidad muy unida de la que no podía escapar.

Lo que debía ser confuso en especial, sobre todo doloroso, es que las circunstancias de María parecían contradecir de forma directa las promesas que recibió de Dios.

Muy favorecida

Si le pregunto a alguien hoy cómo se siente o cómo va su día, es probable que reciba una sola palabra como respuesta: «Bien». Esa es la manera en que respondemos a preguntas sobre nosotros en la actualidad. «Estoy bien». Las cosas eran diferentes en la época cuando yo era niño. En ese entonces, si le preguntaba a uno de los ancianos de nuestra iglesia cómo estaba, siempre respondían lo mismo: «Estoy bendecido y muy favorecido».

Esa es la primera promesa que María recibió del ángel Gabriel cuando apareció para decirle lo que estaba a punto de suceder en su vida. «¡Salve, muy favorecida! El Señor está contigo» (Lucas 1:28, LBLA).

¿Te fijaste en la segunda promesa? «¡El Señor está contigo!». No necesito decirte que ambas promesas son una buena noticia. Sin embargo, tampoco tengo que decirte que a María le costó trabajo entender cómo esas promesas se conectaban con la realidad de su vida una vez que las consecuencias de su embarazo empezaron a ser obvias.

¿Qué significa, entonces, ser muy favorecida? Desde el punto de vista teológico, significa que has recibido mucha gracia. No significa que eres mejor que otras personas. No significa que de repente vas a evitar o vas a resolver todos los problemas en tu vida. Significa que la gracia de Dios te ha tocado, como sucedió con María.

Déjame decir algo que tal vez necesites escuchar, incluso si te cuesta trabajo creerlo: eres muy favorecida.

Si estás permaneciendo en tu matrimonio a pesar de que hay dificultades, eres muy favorecida. Si tienes hijos en casa o fuera de casa que toman buenas decisiones, que tratan de mejorarse a sí mismos y de ser productivos en la sociedad, eres muy favorecida. Si tienes un título universitario, eres muy favorecida. Si tienes un esposo en el que te puedes apoyar o una amiga en quien puedes confiar o una bañera en la que te puedes esconder durante algunos minutos de paz cada día, eres muy favorecida.

En resumen, si has recibido alguna clase de bendición y provisión en tu vida, eres muy favorecida. ¿Por qué? Porque no hiciste nada para ganarte ni merecer esas bendiciones. Eres una receptora de la gracia de Dios.

Hay otro aspecto que vale la pena explorar con respecto al mensaje angelical que recibió María. En concreto, María no sabía que era muy favorecida antes de que el ángel le dijera esas palabras a su corazón y a su alma. No sabía que el Señor estaba con ella. Aun así, tenía que saberlo.

Piensa en esto: no necesitas un mensajero para que te explique algo que ya entiendes. Dios no desperdicia sus mensajeros ni nuestro tiempo. Nunca enviaría un mensajero para decirme que soy un hombre. Nunca enviaría un mensajero para enseñarme lo que significa ser afroamericano; ya lo sé por experiencia.

En pocas palabras, Dios no habla a nuestras vidas para decirnos lo que ya sabemos. Habla a nuestras vidas para decirnos lo que necesitamos escuchar. Así como hizo con María.

Piensa en todas las pruebas que pasó María desde el momento de la concepción de Jesús hasta su crucifixión. Hubo bendiciones, cierto, pero piensa en todos los problemas. Piensa en todo el dolor. Ya hablé del peligro y de la vergüenza de quedar embarazada sin casarse en una sociedad moralista. Sin embargo, piensa en la incomodidad que experimentó mientras viajaba de Nazaret a Belén en el lomo de un burro, un viaje de unos ciento cuarenta y cinco kilómetros. Piensa en la humillación que experimentó al dar a luz en la parte de atrás de un granero, eso sin mencionar el dolor y la falta de atención médica. Piensa en el terror que soportó mientras huía con su familia en medio de la noche para escapar de un rey loco y asesino. Piensa en esta joven e inexperta chica sobreviviendo el exilio en Egipto durante dos años, mientras los asesinos rastreaban cada movimiento suyo.

En toda esa tribulación, María necesitaba saber que era muy favorecida. Necesitaba saber que Dios estaba con ella. Tal vez ese conocimiento fuera lo único que hiciera posible que continuara viviendo.

Con el tiempo, María llegó a entender la verdad del favor de Dios sobre su vida. Sabemos esto porque la Escritura registra una de sus oraciones durante el turbulento período de su embarazo. Así es que empieza esa oración:

> Mi alma glorifica al Señor,
> y mi espíritu se regocija en Dios mi Salvador,
> porque se ha dignado fijarse en su humilde sierva.
> Desde ahora me llamarán dichosa todas las generaciones,
> porque el Poderoso ha hecho grandes cosas por mí.
> ¡Santo es su nombre! (Lucas 1:46-49)

María respondió a la gracia de Dios en su vida expresando una oración de alabanza. No solo glorificó a Dios con los labios, sino con toda su alma. Alabó al Señor desde lo más profundo de su ser, pues entendía que había sido bendecida.

Qué bueno que se pudiera decir lo mismo de ti y de mí. Porque somos muy favorecidos.

Las tinieblas y la luz

Si continúas leyendo la oración de María que aparece en Lucas 1, encontrarás una poderosa profecía acerca de las cosas maravillosas que el niño que Dios engendró en el vientre de María llevaría a cabo. Ese niño, por supuesto, era Jesús, a quien conocemos como el Cristo. El Mesías. El Todopoderoso. Dios encarnado.

En su oración, María profetizó que Jesús les extendería la misericordia de Dios a las personas. Y no solo a las personas de su época, sino de generación en generación. María profetizó que Jesús llevaría a cabo hechos poderosos y que desbarataría las intrigas de los soberbios. Profetizó que Jesús derrocaría a los poderosos de sus tronos y exaltaría a los humildes. Profetizó que Jesús alimentaría a los hambrientos y amonestaría a los ricos. Y profetizó que Jesús cumpliría las promesas que Dios le hizo a su siervo Abraham hacía mucho tiempo, de manera específica la promesa de bendecir a «todas las familias de la tierra» (Génesis 12:3).

En otras palabras, María profetizó que Jesús traería luz a las tinieblas del mundo. Y no solo a *su* mundo, sino también al nuestro.

El apóstol Juan afirmó esa misión en la vida de Jesús cuando escribió:

En el principio ya existía el Verbo, y el Verbo estaba con Dios, y el Verbo era Dios. Él estaba con Dios en el principio. Por medio de él todas las cosas fueron creadas; sin él, nada de lo creado llegó a existir. En él estaba la vida, y la vida era la luz de la humanidad. Esta luz resplandece en las tinieblas, y las tinieblas no han podido extinguirla. (Juan 1:1-5)

El propio Jesús afirmó esta misión cuando dijo: «Yo soy la luz del mundo. El que me sigue no andará en tinieblas, sino que tendrá la luz de la vida» (Juan 8:12).

Así que déjame preguntarte: ¿cuáles son algunas formas en las que has experimentado las tinieblas de este mundo? Fíjate que no te estoy preguntando si has experimentado las tinieblas, pues sé que las has experimentado. Cada uno de nosotros enfrenta esas tinieblas de maneras diferentes, pero ninguno de nosotros es inmune. ¿Cómo estás experimentando las tinieblas ahora mismo? ¿En este mismo momento?

Con independencia de tus circunstancias, permíteme animarte a que ores por la luz.

Este es un principio que deseo que resaltes aquí en esta página o que escribas en algún lugar, porque vale la pena recordarlo: cuando te rodean unas tinieblas que amenazan con abrumar tu propia alma, tu única esperanza es la oración.

Tu única fuente de alivio es recordar que las tinieblas nunca son más fuertes que la luz. Y tienes acceso a la Luz cuando te vuelves a Jesús en oración.

Estas tinieblas presentes

Estoy escribiendo estas palabras durante un profundo período de tinieblas. En específico, estoy escribiendo mientras el mundo está bajo el dominio de una pandemia conocida como COVID-19. Estoy escribiendo desde mi casa en vez de hacerlo desde mi oficina, ya que el área del metro de Dallas, donde vivo, ha permanecido cerrada en un estado de semicuarentena durante más de un mes.

Debido al virus, a las personas se les recomienda que no salgan de sus casas. Se les ordena que no se presenten en su trabajo, excepto para funciones esenciales específicas. Cerraron las iglesias. Las escuelas no están funcionando. Nuestros supermercados locales están en peligro de vaciarse mientras nuestros hospitales están en peligro de llenarse.

Esta es una época de temor mayor que cualquier otra que haya visto en muchos años, una época en la que muchos sienten que les arrastran al pánico. Y esto no solo pasa en Dallas, no solo en Texas, no solo en los Estados Unidos, sino en todo el mundo.

Como pastor, siento el peso de estas tinieblas presentes debido a que ha impactado la relación con mi iglesia. Considero un privilegio de mucho valor el acto de pararme ante mi congregación cada domingo y guiarla a la gloriosa presencia de Dios. Hay rostros que veo cada semana que me animan y me inspiran. Nuestro coro es uno de los más talentosos que alguna vez haya escuchado, y atesoro cada momento que estoy en su presencia, a medida que conducen a toda nuestra congregación a la presencia de Dios.

Sin embargo, durante ya varias semanas, se me han negado esos privilegios. Esas bendiciones. Sí, nuestra iglesia se ha adaptado; nuestro personal está haciendo todo lo posible para crear una experiencia en línea que sea beneficiosa para todos los que se unan a nosotros. Aun así, no es lo mismo.

Sencilla y llanamente, extraño mi comunidad. Extraño mi iglesia.

También siento la pesadez de estas tinieblas de hoy, pues ha expuesto nuestra vulnerabilidad como especie de manera más eficaz y eficiente que cualquier otra cosa en la memoria reciente. En mi propio país, Estados Unidos, muchos han vivido durante años con la falsa creencia de que estaban por encima de los terrores que personas de otras naciones alrededor del mundo experimentan en sus vidas, terrores de enfermedad y corrupción, de ineficacia y pánico masivo. Los estadounidenses a menudo piensan que sus recursos, su tecnología y sus riquezas, comparados con el resto del mundo, los protegerán de pandemias y de otras tribulaciones.

El COVID-19 ha demostrado la falsedad de tales creencias. De muchas maneras, esta pandemia ha servido para igualar nuestras sociedades. Ha agobiado lo mismo a los ricos que a los pobres. Ha forzado a todas las generaciones, jóvenes y viejos, a encerrarse en casa. Ha caído sobre republicanos, demócratas, liberales, anarquistas y todas las otras afiliaciones políticas. Incluso ha roto los silos de la fama y la fortuna, llegando a la vida de las celebridades y de la gente común.

En otro sentido, sin embargo, el COVID-19 ha sacado a la luz pública las injusticias que han existido en nuestras sociedades durante siglos. Los afroamericanos constituyen el 14 % de la población total de los Estados Unidos, pero representan al menos el 33 % de las muertes por COVID[1].

Muchos se han apresurado a señalar que el virus ataca a las personas con condiciones de salud preexistentes, tales como las enfermedades cardíacas, la diabetes y la obesidad. Sin embargo, lo que los eruditos olvidan con frecuencia es que muchas de esas condiciones preexistentes son consecuencia de la injusticia en vez de ser el resultado de una elección personal.

Las personas no escogen vivir en la pobreza, pero quienes sí viven en la pobreza casi nunca son saludables. No tienen los recursos para acceder a los cuidados de salud regulares o a las caras membresías de los gimnasios. A menudo no tienen acceso a los mejores médicos debido a las formas en que nuestra sociedad está segregada. Muchas veces no tienen educación con respecto a las mejores elecciones para tener un estilo de vida saludable, incluyendo la dieta y la nutrición.

De manera similar, ¿cómo practicas la distancia social cuando tienes ocho personas viviendo en una casa de dos dormitorios? ¿Cómo trabajas desde la casa cuando tienes dos o tres trabajos? ¿Cómo provees para tu familia cuando tanto tú como tu cónyuge trabajan en la industria de los servicios, lo cual es común para las personas de color, y la industria de los servicios ha cerrado las puertas delante de tus ojos?

Ninguno de estos problemas los causó el COVID-19. En vez de eso, la pandemia ha sacado a la luz pública esas cosas que estaban escondidas en pleno día. Cuando escucho esas estadísticas, me pregunto: ¿cuántas de esas personas de color que fallecieron eran parte de mi pueblo? ¿Cuántas leyeron mis libros? ¿Cuántas asistieron a nuestras conferencias y a nuestras reuniones?

Si me permites volver a hablar de mí otra vez, por una parte me siento aprehensivo con respecto a lo que experimentaré cuando por fin podamos abrir las puertas de nuestra iglesia una vez más. ¿Cuántas personas faltarán ese primer domingo? ¿Cuántas manos que he estrechado están actualmente pidiendo ayuda en camas de hospitales sin nadie que las sostenga? ¿Cuántas bocas que cantaron junto conmigo año tras año durante los años pasados ahora están conectadas a ventiladores? ¿Cuántos rostros que he visto y he reconocido en mi congregación ahora se están enfriando en morgues improvisadas, con sus voces acalladas y sus ojos cerrados para siempre?

Tal vez la consecuencia más perturbadora del COVID-19 para muchos en mi cultura es la pérdida de los funerales. Si esto te parece extraño, tienes que entender que los funerales son algo muy importante en la comunidad negra aquí en Estados Unidos y en muchas otras comunidades alrededor del mundo. Para muchas personas, su funeral es el único lugar donde tienen la oportunidad de ser importantes. Es el lugar donde todo el mundo se reúne no para reconocer que murieron, sino que vivieron, que su vida marcó una diferencia. El hecho de que se les niegue aún esa dignidad debido a un virus invisible es horripilante en particular.

Estos son pensamientos que me acechan. Estos son tiempos muy serios. Esta es una manifestación de las tinieblas que han sacudido a muchos hasta las entrañas, incluyéndome a mí.

Sin embargo, no tengo miedo. No porque sea fuerte ni porque tenga acceso a recursos físicos que otros son incapaces de adquirir. No porque tenga ninguna línea directa con recursos de salud pública que se están haciendo cada vez más escasos.

No, no tengo miedo porque tengo acceso a recursos espirituales a través de la oración. Tengo acceso a Jesús, quien trae luz a las tinieblas. Tengo acceso a Dios, quien, de acuerdo a las palabras de María, es el «Todopoderoso» que puede hacer «grandes cosas por mí».

Tengo ese acceso a través de la oración, y tú también.

No solo eso, sino que no tengo miedo en medio de la crisis actual porque estoy rodeado de mujeres que entienden el poder de la oración. Mi esposa está a mi lado. Mis hijas hablan conmigo y oran conmigo todos los días. Las mujeres de nuestra congregación en la *Potter's House* [Casa del Alfarero] se han unido para orar por nuestra comunidad y por nuestro país. Y hay una red mil veces más fuerte de nuestros eventos de *Women Thou Art Loosed* que permanecen en la presencia de Dios intercediendo por el mundo delante de su trono.

La maravillosa verdad de la que podemos aferrarnos incluso en medio de una pandemia es que las tinieblas nunca son más fuertes que la luz. He escogido atarme a esa verdad, y te insto a que hagas lo mismo.

Reconciliación y redención

Concluyamos este capítulo regresando a la relación entre José y María. ¿Por qué? Porque hay pocas cargas que se sienten tan pesadas como la carga de las relaciones rotas.

¿Has sentido esa carga en tu vida? Se siente encima de los hombros cuando la persona que solía decir «Te amo» ahora dice «No quiero verte más». El peso de esa carga amenaza con ponerte de rodillas cuando el mismo niño que solía sonreír con placer cada vez que tú entrabas a la habitación ahora ni siquiera contesta tus llamadas telefónicas, y mucho menos piensa en marcar tu número. La sientes cuando hay amigos que te dan la espalda porque no les gusta algo que dijiste o algo que dejaste de decir. La sientes cuando ir al trabajo es una lucha porque tu jefe nunca ve tus contribuciones o siempre encuentra una manera de desmoralizarte.

Sí las relaciones tensas son una carga terrible. Y las relaciones tensas amenazan con destruirnos.

Sin embargo, hay una esperanza de reconciliación. Solo mira lo que sucedió con José después que decidió terminar su relación con María:

Pero, cuando él estaba considerando hacerlo, se le apareció en sueños un ángel del Señor y le dijo: «José, hijo de David, no temas recibir a María por esposa, porque ella ha concebido por obra del Espíritu Santo. Dará a luz un hijo, y le pondrás por nombre Jesús, porque él salvará a su pueblo de sus pecados».

Todo esto sucedió para que se cumpliera lo que el Señor había dicho por medio del profeta: «La virgen concebirá y dará a luz un hijo, y lo llamarán Emanuel» (que significa «Dios con nosotros»).

Cuando José se despertó, hizo lo que el ángel del Señor le había mandado y recibió a María por esposa. (Mateo 1:20-24)

Como una nota al margen, durante todos los años de la vida de José, ¿cuántas veces piensas que se detuvo para agradecerle a Dios en sus oraciones por enviar a este ángel? Me atrevo a decir que algunas miles. Porque María era una mujer que valía la pena tener. María era una suerte. María era la clase de esposa a la que los hombres se refieren cuando dicen que «supera todas las expectativas».

A veces permitimos que la virginidad de María en todo este episodio disminuya los otros elementos admirables de su carácter. Por ejemplo, una de las cualidades que más me gusta de María es su tenacidad. María era una mujer tenaz. Al enfrentar toda clase de obstáculos y toda clase de pruebas, luchó sin rendirse. Y no luchó por ella, sino por la vida de su hijo. Por su familia.

En las últimas décadas ha habido una epidemia en el mundo que anima a las mujeres a elegir un camino más fácil que el que eligió María. Hay una filosofía o una forma de pensar que les dice a las mujeres que se eleven a sí mismas, a sus necesidades a sus deseos, a sus carreras, a su tiempo libre y a sus pasatiempos, que eleven todo lo que desean por encima de sus familias y de sus hijos. Pienso que eso es una tragedia. No porque las mujeres no sean valiosas, sino porque hay un valor increíble en el acto de ofrecernos por quienes más amamos, como lo hizo María.

Alabo a María por la tenacidad que mostró al servir a su familia. Y canto alabanzas por cada mujer que elige quedarse con su hijo a pesar de que el camino que le espera parezca difícil. Alabo a cada madre trabajadora que lucha con tenacidad por estar al lado de sus hijos, incluso si eso significa rechazar un empleo. Alabo a cada esposa que está dispuesta a renunciar a su propia carrera para servir a su familia. Y alabo a cada madre soltera que encuentra la forma de ejercer su carrera mes tras mes y año tras año, y a la vez provee la compañía y el cuidado que necesitan sus hijos.

Necesitamos más mujeres tenaces en este mundo. Necesitamos más mujeres tan valientes y apasionadas que sus esposos le dan gracias a Dios todos los días por el ángel guardián que las trajo a sus vidas.

Regresemos ahora al sueño de José. Puedo escuchar a alguien allá afuera decir: «Obispo Jakes, Dios nunca me ha enviado un ángel para buscarme un hombre. Y Dios nunca ha enviado un ángel para hacer que alguno de mis problemas desaparezca. ¿Cómo se aplica esta historia a mi situación en el mundo moderno?».

Antes que todo, ¿quién dice que Dios nunca ha enviado a un ángel para ayudarte a resolver tus problemas? Los ángeles son seres espirituales, pero impactan nuestro mundo todo el tiempo. De seguro que Dios ha usado ángeles para ayudarte en tus luchas contra las tinieblas.

Lo que es más importante aún, permíteme hacerte una pregunta: *¿Por qué* Dios envió a este ángel para que le hablara a José en sueños? ¿Cuál fue la causa?

Creo que la respuesta es que María oró. Ya hemos visto cómo María alzó su voz en alabanza a Dios incluso en medio de una situación difícil. Por tanto, resulta lógico pensar que María se acercara a Dios para presentarle sus necesidades y deseos, en especial su deseo de que se produjera una reconciliación entre ella y José.

Aquí vemos otro principio: cuando no ves ninguna esperanza de reconciliación en tus relaciones rotas, lo mejor que puedes hacer es orar, porque Dios es capaz de hacer que sucedan cosas trascendentales para restaurar lo que se ha perdido.

Dios no solo produjo reconciliación entre José y María, sino que las oraciones de María trajeron reconciliación entre Dios y la humanidad. Digo esto debido a que el resultado final de las oraciones de María fue el nacimiento, la vida, la muerte y la resurrección de Jesucristo. La fidelidad de María para orar y responder a lo que Dios le comunicaba mediante la oración trajo como resultado el increíble regalo de la vida eterna que Dios les ofrece a todos los que lo reciban.

Esto es a lo que casi siempre nos referimos como salvación, aunque hay otro término que la Escritura usa con frecuencia para describirlo: *redención*. Resulta interesante que la redención sea un concepto financiero. Significa «comprar el total». Al principio, era un término utilizado cuando alguien compraba la deuda contraída por un esclavo: redimir a un esclavo significaba comprar su libertad.

Eso fue lo que Jesús hizo por nosotros. Nos redimió. Canceló la deuda de nuestra esclavitud al pecado y compró nuestra libertad a costa de su propia vida. Pablo escribió que en Jesús, y solo en Jesús, «tenemos la redención mediante su sangre, el perdón de nuestros pecados, conforme a las riquezas de la gracia» (Efesios 1:7).

¿Has probado esa libertad? ¿Quieres más vida en tu vida? ¿Quieres más luz en tus tinieblas? ¿Quieres ver relaciones sanadas y al mismo ejército del cielo enviado para trabajar a tu favor?

Entonces, ora. Porque cuando las mujeres oran, Dios trae reconciliación y redención a las tinieblas de este mundo.

CAPÍTULO 3

Sara

Cuando las mujeres oran, encuentran esperanza
y alegría en lugares inesperados.

Todo el mundo en el campamento notó cuando la anciana mujer salió de su tienda. Sara. La señora.

Las conversaciones se detuvieron. Los hombres que descansaban en la sombra enseguida recogieron sus herramientas y regresaron a su trabajo. Las mujeres empezaron a caminar erguidas mientras llevaban y sacaban grano de los almacenes. Los niños, de repente silenciosos, se escabulleron por instinto.

Sara ocultó una sonrisa mientras salía al calor del sol. Conocía su reputación. Se la había ganado durante décadas. *¿Acaso no hicieron bien en llamarme Saray cuando nací?*

No caminaba como una mujer de ochenta años mientras se dirigía a los almacenes para la inspección diaria. Todavía tenía la espalda derecha y caminaba con gracia. Los ojos aún le brillaban y su mente, eso para no mencionar su lengua, permanecía aguda. Sin embargo, sus pensamientos eran pesados.

Qué extraño se siente estar cerca del final, pensaba. *Qué extraño es sentirme tan fuerte y, a la vez, saber que se acerca la muerte.*

La vida de Sara era plena y había sido así desde el principio. Aunque nació en Ur de los caldeos, se enamoró de Abraham y se fue con él a una tierra lejana. Aventura y comodidad en el mismo paquete. Romance y misterio. Hubo peligros también. Dos veces la llevaron a los harenes de reyes extranjeros, bueno, tal vez «dada» sea el término más exacto, y dos veces la poderosa mano de Dios la rescató sin que la tocaran.

Tengo riquezas, sirvientas, tierras y poder, pensaba. *Tengo un esposo amoroso y atesoro muchos recuerdos. Soy más bendecida que el resto de las personas que conozco.*

Y, sin embargo...

Sara hizo una mueca con los labios cuando vio a un grupo de niños retozando en las afueras del campamento. Hijos de las criadas. Hijos de los soldados. Hijos de los campesinos y pastores. Y ahí estaba Ismael también, rodando sobre su espalda y pateando como un burro. El único hijo de su esposo. *Pero no es mi hijo.*

Toda su vida, Sara había visto a otras mujeres criar a sus hijos. A veces se sentía reprimida por los hijos de otras.

Cambió la vista. Una retirada muy extraña. Trató de apartar la imagen de su mente. *Soy una mujer vieja incluso si no lo parezco,* se recordó a sí misma. *Sudé y temblé durante mi etapa de cambio. Estoy tan seca y tan marchita como la hierba que crece en esta arena.*

Y, sin embargo...

En días como ese, a Sara le costaba trabajo apartar de su mente las promesas del pasado. Promesas que Dios le hizo a Abraham: «Haré de ti una gran nación, y te bendeciré». «Un hijo de tu propia carne y sangre será tu heredero». «Tu esposa Sara te dará un hijo, y lo llamarás Isaac».

Las promesas eran absurdas. Imposibles. Impensables dada su edad, y ni hablar de la de Abraham.

Y, sin embargo... gran Dios del cielo, el Dios de Abraham, mi esposo, ¿todavía podría ser cierto?

Susurros secretos

Puede que las personas observadoras que leen la Biblia sientan curiosidad acerca de la inclusión de Sara en este libro. Después de todo, no hay oraciones que hiciera Sara que aparezcan en la Palabra de Dios.

En respuesta, les recordaría a esos lectores acerca de Hebreos 11 en el Nuevo Testamento, lo que los teólogos llaman el «Salón de la fe». En este inspirador capítulo, el autor de Hebreos resalta mujeres y hombres del Antiguo Testamento que demostraron un nivel excepcional de fe en las promesas y el poder de Dios.

Hebreos 11 está lleno de los héroes de nuestra fe, incluyendo a Sara: «También por la fe Sara misma recibió fuerza para concebir, aun pasada ya la edad propicia, pues consideró fiel al que lo había prometido» (v. 11, LBLA).

Puedo afirmar que es imposible demostrar fe en Dios sin conocer a Dios. Es imposible conocer a Dios sin comunicarse con Dios. Y es imposible comunicarse con Dios sin la oración. Por tanto, puedo afirmar de manera clara y confiada que Sara era una mujer de oración.

Hay otra razón por la que incluí a Sara en estas páginas: Quiero que entiendas que Dios no está limitado por nuestra habilidad para expresar lo que necesitamos o lo que deseamos. Con esto quiero decir que a Dios no lo restringen nuestras recitaciones. A Dios no lo restringen nuestras laringes. Y Dios no se enfada sin nuestras voces.

En resumen, la habilidad de Dios para actuar no depende de nuestra habilidad para orar.

Sí, en muchas circunstancias Dios prefiere esperar a que su pueblo ore antes de desatar su poder sobre sus vidas. En muchas circunstancias, tal vez incluso en la mayoría de las circunstancias, Dios desea que nos arrodillemos ante Él y derramemos nuestra alma delante de Él en la forma de comunicación espiritual en la que solemos creer cuando pensamos en la oración. Como escribió C. S. Lewis: «Pero tengo la impresión de que le gusta que le pidan las cosas»[1].

Pero no en cada circunstancia.

A veces, Dios escucha los susurros secretos de nuestros corazones aun cuando dichos susurros nunca salen de nuestros labios. Recuerda que Dios es omnisciente; Él conoce todas las cosas, incluso los pensamientos que tenemos en nuestra mente y los anhelos de nuestro corazón. Y hay momentos en los que Dios decide actuar basándose en esos pensamientos o anhelos sin que haya ninguna petición oficial de parte de nosotros.

En el libro de Romanos, el apóstol Pablo describió a quienes desean lo que necesitan sin comprender por completo lo que se requiere para satisfacer sus necesidades. Escribió: «Así mismo, en nuestra debilidad el Espíritu acude a ayudarnos. No sabemos qué pedir, pero el Espíritu mismo intercede por nosotros con gemidos que no pueden expresarse con palabras» (8:26).

¿No te sientes agradecido de que eso sea cierto? ¿No te sientes agradecido de que Dios te conozca mejor de lo que tú te conoces a ti mismo? ¿No te sientes agradecido de que el Espíritu de Dios que vive dentro de ti entienda con exactitud lo que necesitas incluso cuando eres incapaz de expresar esa necesidad de una manera que tenga sentido?

Cuando te engañaste a ti misma haciéndote creer que estabas en una relación saludable con alguien que se interesaba en ti genuinamente, ¿no te sientes agradecida de que Dios podía ver el dolor secreto dentro de tu corazón? ¿No te sientes agradecida de que escogiera salvarte de una vida de soledad cuando estabas desesperada por compañía y dispuesta a ceder, a pesar de que no lo conocías lo suficiente como para preguntarle?

Cuando te resignaste a tener un empleo común, trabajando siempre en el mismo horario y apretando los mismos botones semana tras semana, mes tras mes, año tras año, ¿no te sientes agradecida de que Dios escuchara tu clamor secreto anhelando tener significado en la vida? ¿No te sientes agradecida de que Dios supiera que esa promoción era perfecta para ti y decidiera ponerla en tu camino aun cuando no le pediste que lo hiciera?

Cuando tu vida espiritual decaía y perdiste toda motivación para buscar una conexión más profunda y un sentido más hondo de intimidad con Dios, ¿no te sientes feliz de que Dios viera que te estabas ahogando y viniera a salvarte? ¿No te sientes feliz de que su Espíritu se moviera dentro de ti para convencerte de que estabas obrando mal y de que necesitabas arrepentirte a pesar de que estabas demasiado inmersa en ti misma como para orar?

Me siento agradecido de que Dios escucha los susurros secretos, los anhelos secretos en nuestras vidas. Me siento agradecido de que su Espíritu mantenga y vigile los niveles más profundos de nuestros corazones. Y me siento agradecido de que nos ofrezca lo que nunca supimos que necesitábamos, así como lo hizo por Sara.

Lo lamentable es que a Sara le tomó un poco de tiempo aceptar lo que prometió Dios.

Reírse de Dios

¿Cómo respondes cuando te encuentras con las promesas de Dios? Es una pregunta fundamental, porque todos nos cruzamos con las promesas de Dios en distintos momentos de nuestra vida.

Cada uno de nosotros recibe promesas específicas de Dios que son únicas para nosotros como individuos. Estas son promesas dichas directamente a nuestro espíritu, verdades que escuchamos e incorporamos en nuestras vidas sin entender en realidad cómo ni por qué llegaron. Son garantías que Dios nos da de lo que Él va a hacer si escogemos creerlas y responder en fe.

Además, la Escritura está llena de muchas promesas generales de Dios. Estas son promesas universales; se aplican a todo el que recibe la salvación por medio de la fe en Jesucristo.

Por ejemplo, ¿sabías que hay decenas de veces en la Biblia donde Dios promete fortaleza a los que la necesitan? Isaías 40 dice: «Él fortalece al cansado y acrecienta las fuerzas del débil» (v. 29). El primer libro de Samuel dice: «El arco de los poderosos se quiebra, pero los débiles recobran las fuerzas» (2:4).

O, ¿qué haces con la promesa de Dios de darte sabiduría siempre que se la pidas? Está allí mismo en blanco y negro en el libro de Santiago: «Si a alguno de ustedes le falta sabiduría, pídasela a Dios, y él se la dará, pues Dios da a todos generosamente sin menospreciar a nadie» (1:5). Esto no es una sugerencia. No es un consejo. No es una esperanza, un deseo ni un sueño. Es una promesa. *Se te dará.*

¿Y qué te parecen promesas como estas?

1. «Por eso les digo: Crean que ya han recibido todo lo que estén pidiendo en oración, y lo obtendrán» (Marcos 11:24).
2. «Así que mi Dios les proveerá de todo lo que necesiten, conforme a las gloriosas riquezas que tiene en Cristo Jesús» (Filipenses 4:19).
3. «Ahora bien, sabemos que Dios dispone todas las cosas para el bien de quienes lo aman, los que han sido llamados de acuerdo con su propósito» (Romanos 8:28).

¿Cómo acoges esas promesas? ¿Qué sucede en tu interior cuando las lees?

Con demasiada frecuencia respondemos a las promesas de Dios con cinismo. Con incredulidad. Tomamos lo que Dios nos ha ofrecido y lo sostenemos a la luz con el ceño fruncido y los ojos entrecerrados, pues a caballo regalado por Dios no se le miran los dientes. Mordemos el borde con los dientes como los buscadores que comprueban la autenticidad de su oro. Vacilamos y renunciamos.

Tal vez Dios hace esa clase de cosas por otras personas, pensamos, *pero no por mí.*

Pienso que Sara comenzó su vida con esperanza. Con alegría también. Durante su juventud, acariciaba esa esperanza en su pecho de la misma manera en la que planificaba acariciar a su bebé. A medida que pasaban los años, esa esperanza se volvió pesada. Más difícil de llevar. Más difícil de acariciar en su pecho y de apegarse a ella. Entonces, un día triste y terrible, decidió dejarla ir.

¿Sabías que es posible abortar la esperanza? Sara lo hizo. Y el dolor de esa pérdida fue mayor que cualquier cosa que experimentó antes. Perdió su esperanza y su alegría en el mismo momento.

Entonces, no sorprende que Sara se mostrara escéptica cuando Dios abrió las ventanas de los cielos y declaró que estaba a punto de tener un hijo. En realidad, se mostró más que escéptica. Y Abraham también. «Entonces Abraham inclinó el rostro hasta el suelo y se rio de pensar: "¿Acaso puede un hombre tener un hijo a los cien años, y Sara ser madre a los noventa?"» (Génesis 17:17). Cuando Dios le dijo a Abraham que ese hijo prometido llegaría dentro de un año, Sara escuchaba a escondidas. Su única respuesta fue reírse. Burlarse. «¿Acaso voy a tener este placer, ahora que ya estoy consumida y mi esposo es tan viejo?» (Génesis 18:12).

La pregunta a la que muchos lectores buscan respuesta es: ¿por qué? ¿Por qué Sara se rio y se mostró sarcástica cuando Dios le ofrecía el mayor deseo de su vida en bandeja de plata? ¡Solo faltaba un año! Dios le prometió que una vez más iba a sentir el placer del toque de su esposo. Dios le prometió que iba a sentir la agitación en su vientre, las patadas y los movimientos de una nueva vida recién formada. Dios le prometió que se le llenarían los pechos de alimento y el corazón de alegría.

Era todo lo que había estado queriendo y deseando durante décadas. ¿Por qué no podía creerlo? ¿Por qué no podía aceptarlo?

Quizá una mejor pregunta sea: ¿por qué no podemos aceptarlo nosotros?

Creo que la risa de Sara fue un mecanismo de defensa. Fue su forma de proteger a un corazón que sufría por la pérdida de la esperanza. Creo lo mismo con respecto a nosotros en la actualidad cuando encontramos promesas que parecen, por cualquier razón, demasiado buenas como para ser verdad. Después de todo, la esperanza puede ser algo doloroso cuando se prueba y se tensa sin cumplirse; por tanto, nos resistimos a avivar esa esperanza para evitar el dolor. Levantamos un muro de risa en su contra, y preferimos la comodidad relativa de nuestro estado actual al daño potencial de la decepción renovada.

Por fortuna, hay un mejor camino. Sí, las promesas de Dios a veces parecen demasiado buenas como para ser verdad. ¡Pero eso es porque solo Dios puede proveer lo que es demasiado bueno como para ser verdad! Él es soberano sobre todas las cosas, lo que significa que puede llevar a cabo lo que jamás soñamos que fuera posible.

He aquí un principio: cuando te sientas escéptica con respecto a una promesa que parece demasiado buena como para ser verdad, tu mejor esperanza es orar. Busca la voluntad de Dios. Si la promesa no es de Él, lo confirmará a través de su Espíritu que habita dentro de ti. Si la promesa viene de Dios, depende de ti aceptarla y mirar lo que Dios puede hacer cuando le respondes en fe.

No te conformes

Las elecciones pasadas de Sara eran otra razón por la que se rio de la promesa de Dios; en específico, su elección de conformarse en el pasado por algo que no era lo mejor que Dios tenía para ofrecerle. Trató de hacer sus sueños realidad a través de su propia fuerza y su propia ingenuidad, y falló.

Fue así que entró Ismael en el cuadro. Cuando tanto Sara como Abraham llegaron a la edad madura, Sara entró en pánico. Sabía que Dios le había prometido un hijo a Abraham, pero esa promesa no se había cumplido, ni parecía que se fuera a cumplir alguna vez. Como resultado, Sara tomó el asunto en sus propias manos: «El Señor me ha hecho estéril», le dijo a Abraham. «Por lo tanto, ve y acuéstate con mi esclava Agar. Tal vez por medio de ella podré tener hijos» (Génesis 16:2).

Entiendo que esperar a que Dios cumpla sus promesas puede ser difícil. Al igual que tú, he sentido el peso de la espera. La carga. Se acumula día tras día, año tras año hasta que empieza a hacerse insoportable. Incontrolable.

Sin embargo, podemos soportar el peso cuando a nuestra espera la acompaña la oración. Podemos lidiar con los años cuando nuestra espera se apoya y eleva con la oración, mediante una comunicación continua con el Dios que nos dio la promesa desde el principio.

Estoy llamando a una nueva generación de mujeres que oren, pues estoy cansado de mirar a las personas conformarse con menos que lo mejor de Dios para sus vidas. Estoy cansado de ver a personas en las iglesias agobiadas por la espera. Estoy cansado de ver al pueblo de Dios tomar los asuntos en sus propias manos, y construirse promesas y bendiciones falsas.

Este mundo necesita mujeres que se levanten y declaren: «¡No me voy a conformar! Incluso si tengo que empezar otra vez, no me voy a conformar. Incluso si toma más tiempo de lo que jamás me haya imaginado, no me voy a conformar. Incluso si tengo que hacer pagos, no me voy a conformar. Incluso si tengo que criar a estos hijos sola durante algún tiempo, no me voy a conformar. Incluso si tengo que soportar a un jefe que no me aprecia, no me voy a conformar. Incluso si tengo que asistir a la escuela nocturna, no me voy a conformar. Incluso si todas las personas a las que les cuento las promesas de Dios piensan que estoy loca y que desperdicio mi vida, no me voy a conformar».

No, nunca lo lograrás con tu propia fuerza, pero no tiene que ser así. Puedes elegir orar y someterte al tiempo de Dios. Puedes confiar que Dios traerá lo bueno cuando eso bueno produzca lo mejor.

Sí, esperar a que las promesas de Dios se hagan realidad es un trabajo difícil, pero el resultado vale la pena.

Con el tiempo, Sara aprendió esa verdad. Después de veinticinco años de espera, recibió lo que prometió Dios. La Escritura dice: «Tal como el Señor lo había dicho, se ocupó de Sara y cumplió con la promesa que le había hecho. Sara quedó embarazada y le dio un hijo a Abraham en su vejez. Esto sucedió en el tiempo anunciado por Dios» (Génesis 21:1-2).

¿Sabes lo que me gusta de esos versículos? Sara es el centro. No Abraham.

A lo largo del libro de Génesis, Dios habló con Abraham sobre la promesa que vendría. Le dijo a Abraham que haría de él una gran nación. Le dijo a Abraham que todos los pueblos de la tierra serían benditos a causa de esa nación, promesa que más tarde se cumplió por medio de Jesucristo. Dios le dijo a Abraham que iba a tener un hijo. Y Dios le dijo a Abraham que ese hijo iba a nacer dentro de un año.

Entonces, fíjate otra vez en Génesis 21:1: «Tal como el Señor lo había dicho, se ocupó de Sara y cumplió con la promesa que le había hecho».

Puede que Dios haya hablado a través de Abraham, pero conocía a Sara. Valoraba a Sara. Deseaba en gran medida bendecir a Sara. Y cumplió su promesa dándole a Sara lo que ella más deseaba.

De la misma manera, Dios te conoce. Dios te valora. Dios te ve en medio de tus circunstancias, y quiere que sepas que sus promesas son ciertas para ti. Las bendiciones que Él ha prometido se aplican a ti, y llegarán a ti.

No te conformes con nada menos que eso.

Esperanza y alegría

Tardó un poco, pero Sara, con el tiempo, asimiló la bendición que recibió. Entendió que Dios escuchó los susurros secretos y los gemidos más profundos de su corazón. ¿Por qué sé eso? Por el nombre del niño.

Isaac significa «él se ríe».

Esa no era la misma clase de risa que se le escapó a Sara de sus labios tan solo un año atrás, la risa burlona de un corazón golpeado y amargado. No, esta era una risa alegre. Una risa a carcajadas. La clase de risa que se esparce por la habitación como un contagio de alegría.

¿Acaso no es maravilloso cómo Dios puede transformar nuestras burlas en esperanza y nuestro sarcasmo en alegría?

Mientras sostenía al niño en sus brazos, Sara dijo: «Dios me ha hecho reír, y todos los que se enteren de que he tenido un hijo se reirán conmigo. ¿Quién le hubiera dicho a Abraham que Sara amamantaría hijos? Sin embargo, le he dado un hijo en su vejez» (Génesis 21:6-7).

Esta era una mujer cuya esperanza y alegría se habían restaurado de una manera inesperada por completo. Lo que Sara creía que estaba muerto, había regresado a la vida; los lugares secretos de su corazón se habían llenado una vez más. La sonrisa otra vez regresó a su rostro. La luz regresó de nuevo a sus ojos. Todo porque Dios contestó su oración.

Muchas veces en mi vida, he sentido la alegría de bendiciones inesperadas. Sin embargo, me siento feliz en especial cuando veo esa alegría en otros. Me llena el corazón como nada más puede hacerlo.

He visto mujeres levantar sus manos en señal de victoria y gritar de alegría al derrotar un cáncer terminal. He escuchado a médicos confundidos y desconcertados por escaneos que mostraron un monstruo con metástasis una semana y escaneos que no mostraron nada más que tejido sano la siguiente.

Ese es un sentimiento agradable. Y sucedió gracias a la oración.

He visto mujeres resplandecer con la alegría de las relaciones restauradas cuando todas las personas que conocían les habían dicho una y otra vez que no había esperanza. La separación era inevitable. El divorcio era una simple formalidad. He visto renacer el amor y restaurarse la esperanza.

Ese también es un buen sentimiento. Y sucedió gracias a la oración.

He visto mujeres encontrar trabajos soñados cuando estaban convencidas de que no estaban calificadas. He visto mujeres recibir aumentos después que les dijeran que no había dinero en el presupuesto y que no había lugar para hacer concesiones. He visto mujeres con préstamos perdonados. He visto mujeres con ejecuciones hipotecarias canceladas. He visto mujeres liberadas de las garras del abuso y de las cadenas de la adicción.

Todo eso alimenta mi esperanza. Todo eso inspira mi alegría. Y todo eso ha sido posible porque hubo personas que decidieron no conformarse con lo que era fácil, sino que oraron para recibir las promesas de Dios incluso cuando toda esperanza parecía perdida.

Por eso es que seguiré llamando a todas las mujeres a orar en toda circunstancia. Porque cuando las mujeres oran, encuentran esperanza y alegría en lugares inesperados.

CAPÍTULO 4

La mujer que padecía de hemorragias

Cuando las mujeres oran, obtienen la victoria sobre los «asuntos» de la vida.

La mujer sintió que la multitud aumentaba a su alrededor, y se dejó llevar por ella. Siempre asegurándose de mantenerse en el lado de afuera. Siempre asegurándose de mantener los ojos fijos en el rabí que venía hacia ella desde la otra dirección. El maestro. El sanador.

Esto podría dar resultado, pensó, esforzándose todo lo que podía para contener la avalancha de esperanza en su pecho. Se estaba acercando cada vez más. *¡Esto podría dar resultado!*

Había estado planificando este momento durante años. Mirando desde la sombra. A la espera de la oportunidad. El momento perfecto. Y ahora estaba más cerca de lo que jamás había estado.

«¡Mira por dónde caminas!». Sintió el estremecimiento antes de escuchar las palabras cuando tropezó con el hombre que tenía delante. En ese entonces, estaba muy delgada. Sin embargo, el hombre seguía gritándole. Habría gritado mucho más alto si hubiera sabido la verdad, si hubiera conocido su condición.

«Perdón, señor», murmuró con la mirada baja.

¡Jehová, perdóname!, oró. Sabía cómo se aplicaba la ley a su condición... demasiado bien. Se lo recordaban a cada momento durante los últimos doce años. «Ustedes deben mantener apartados de la impureza a los israelitas. Así evitarán que ellos mueran por haber contaminado mi santuario, que está en medio de ellos» (Levítico 15:31).

Para ella era una violación tocar a alguien. Debió haberse mantenido distante de la multitud. Siempre que se acercaba a otra persona, debió haber gritado: «¡Impura! ¡Impura!». Debió haberle dicho al hombre sobre su maldición; sobre la sangre. La ley requería que él se limpiara después de haberla tocado. En cambio, no se atrevió a causar una escena. Sobre todo cuando el maestro estaba tan cerca.

Perdóname, oró otra vez. *Estoy desesperada.*

Era cierto. Cualquier dinero que tuvo antes de que el sangramiento empezara, ya se había agotado. Cualquier familiar que tuvo, ya la había abandonado. Cualquier dignidad que alguna vez tuvo, hacía mucho tiempo que había desaparecido, oculta entre los pedazos de tela que lavaba y secaba cada noche para tratar de esconder su vergüenza.

La multitud cambió su rumbo otra vez y, de repente, lo tenía justo a su lado. Estaba rodeado de sus discípulos, pero había una buena oportunidad, aunque cada vez más pequeña. Podía ver la punta de su manto. *¡Ahora o nunca!*

Lo sintió enseguida que tocó su manto: la sanidad. El suave fuego le recorrió el vientre y bajó por las piernas, dejándole un hormigueo durante varios segundos. Para ese entonces se había alejado del rabí y estaba buscando un espacio entre la multitud para escabullirse.

¡Dio resultado! ¡Listo! ¡Soy libre!

En ese momento fue cuando escuchó su voz que se alzaba por encima del bullicio del mercado. Imponente. «¿Quién me tocó?». Exigiendo una respuesta.

Incapaz de negar esa voz, se dio la vuelta para mirarlo. Para responderle.

¡Dios, ayúdame!

Más allá de los asuntos

Lo primero que me llama la atención acerca de esta mujer es que nunca se menciona su nombre.

Lucas la presenta de esta manera en su Evangelio: «Había entre la gente una mujer que hacía doce años que padecía de hemorragias, sin que nadie pudiera sanarla» (8:43). Marcos añade: «Había sufrido mucho a manos de varios médicos, y se había gastado todo lo que tenía sin que le hubiera servido de nada, pues en vez de mejorar, iba de mal en peor» (5:26).

Esta mujer era valiente. Esta mujer demostró una fe poderosa y profunda en el poder de Dios para sanar. Esta es una mujer sobre la que se ha leído, hablado y predicado literalmente durante siglos y, no obstante, casi no sabemos nada sobre ella.

A pesar de sus cualidades positivas, a esta mujer la definía casi por completo su «asunto». Su problema. Su dolor.

¿Sabías que lo mismo te puede suceder a ti? Sí, así es. Porque lidiamos con asuntos. Cada uno de nosotros. Todos lidiamos con el dolor. Todos lidiamos con problemas que amenazan con abrumarnos. Todos lidiamos con circunstancias difíciles que tratarán de definir quiénes somos, si se lo permitimos.

Aquí tienes un principio: cuando tu «asunto» amenaza con tragarse incluso tu nombre, tu única esperanza es la oración.

Esta mujer entendió eso. Y escogió acudir a Dios con todas sus fuerzas. Según el texto, pensaba: «Si logro tocar siquiera su ropa, quedaré sana» (Marcos 5:28). Lucas es un poco más específico en su informe: «Ella se le acercó por detrás y le tocó el borde del manto, y al instante cesó su hemorragia» (8:44).

¿Por qué tocó el manto de Jesús? En específico, ¿por qué toco «el borde del manto»? ¿Y por qué se le ocurriría que hacer esto le iba a traer sanidad?

La respuesta a cada una de esas preguntas es que esta mujer creía la verdad de la Palabra de Dios. En el Antiguo Testamento, de manera específica en el libro de Números, Dios les ordenó a los israelitas que usaran un manto de cuatro esquinas, y que cada una de las esquinas la decoraran con bordes de hilos blancos. Los bordes tenían un solo hilo azul, que era un símbolo del compromiso del que la usaba de obedecer las leyes de Dios. Todos los hombres judíos del mundo antiguo usaban esa ropa, y muchas comunidades judías en la actualidad todavía observan esa práctica.

Con el transcurso de los siglos, esas borlas llegaron a tener un significado aún mayor dentro de la comunidad judía. Las personas de antepasados nobles añadían nuevos colores o patrones a los bordes para mostrar su autoridad. ¿Recuerdas cuando David cortó el borde del manto de Saúl en el desierto de Engadi? De forma simbólica, cortaba la autoridad de Saúl como rey. Los bordes también podían representar el papel o el lugar de una persona dentro de la comunidad, incluyendo el de rabí. Un maestro. Un sanador[1].

En resumen, al tocar la punta del manto de Jesús, esta mujer se agarraba a su borla. Se agarraba de la autoridad de Jesús y del símbolo de su compromiso con la Palabra de Dios, incluyendo las promesas de su Palabra.

¡Qué hermoso cuadro de oración! Cuando estás en peligro de que tus asuntos te traguen o te definan, no te quejes por eso. No te desanimes.

¡Agárrate de Dios! Agárrate de Él y no lo dejes ir.

Conoce tu valor

Hay otra lección que podemos aprender de esta mujer con el problema de las hemorragias: ella conocía su valor a los ojos de Dios. Entendía que era valiosa para Dios y que era digna de su tiempo, así que se negó a dejar que otra persona se interpusiera entre ella y la sanidad que estaba desesperada por recibir.

En ambos relatos de su historia en los Evangelios, te puedes dar cuenta de que esta mujer no era el objetivo principal de Jesús en el día en cuestión. En cambio, el texto dice: «En esto llegó un hombre llamado Jairo, que era un jefe de la sinagoga. Arrojándose a los pies de Jesús, le suplicaba que fuera a su casa, porque su única hija, de unos doce años, se estaba muriendo» (Lucas 8:41-42).

Antes que todo, ¿piensas que es una coincidencia que la niña que estaba muriendo tuviera doce años y que la mujer había estado lidiando con su aflicción durante doce años? Pienso que no. No hay coincidencias cuando Dios está en la escena. Sin lugar a duda, hay una cierta conmoción en la yuxtaposición de estas dos personas: una jovencita en peligro de perder la vida a punto de alcanzar la madurez, y una mujer buscando salvación después que le habían robado sus mejores años.

Ambas necesitaban a Jesús... y Jesús lo sabía.

Fíjate que Jairo, el padre de la jovencita, era «un líder de la sinagoga». Eso significa que era un líder en el templo local. Era un hombre importante. Con toda seguridad, era un hombre rico. Un hombre respetado. Un pilar en la comunidad.

Fíjate también que Jairo fue a ver a Jesús con una necesidad legítima: su hija se estaba muriendo. Al igual que la mujer con el problema de la sangre, los médicos habían sido incapaces de ayudar. Jairo y su esposa habían hecho todo lo que podían para salvar a su joven hija, pero se estaba muriendo. Me puedo imaginar a Jairo recorriendo las calles de la ciudad en busca de una última esperanza: este obrador de milagros llamado Jesús que hacía caminar a los cojos y ver a los ciegos.

No solo Jairo estaba allí, es probable que le rodearan algunos de sus sirvientes, sino que también los discípulos de Jesús estaban cerca de Él mientras caminaba por las calles. Este era un grupo muy singular de personajes: pescadores, zelotes y un cobrador de impuestos, entre otros. Sabemos que en muchas ocasiones los discípulos trataron de impedir que las personas tuvieran acceso a Jesús. Se veían a sí mismos como guardias que tenían la tarea de contener a la gentuza.

¿Sabes cómo la sociedad de los días de Jesús veía a una mujer que había estado impura durante doce años? Gentuza. Si los discípulos la hubieran visto venir, es probable que la hubieran bloqueado. «Ahora el maestro está ocupado con un hombre importante. Apártate».

Ninguno de estos factores hizo que esta valiente mujer desistiera de su plan de agarrarse del poder sanador de Dios. Eso me encanta. Me encanta su tenacidad. Su persistencia. Su conocimiento de que esa era la única esperanza que le quedaba y *la iba a aprovechar sin importar lo que pasara.*

Te lo aseguro, créeme: este mundo siempre va a tratar de convencerte de que no eres suficiente. Que no eres lo suficiente valiosa. Que no eres lo suficiente respetada. Que no eres lo suficiente buena. Que no eres lo suficiente limpia. Que no eres lo suficiente santa. Que no eres lo bastante estable en lo financiero. Que no eres lo suficiente aceptada en lo social. Que no eres lo suficiente femenina. Que no eres lo suficiente inteligente.

Has sentido esa presión, ¿no es cierto? Ha habido personas que han tratado de desanimarte y hacerte sentir inferior. Quizá tus padres fueran muy rápidos para señalar tus fracasos y muy lentos para edificar tu confianza. Quizá tus hermanos siempre trataban de cortarte las alas cuando eras niña, y tal vez lo hagan todavía. Quizá tengas compañeros de trabajo que fingen aumentar su seguridad laboral aumentando tu inseguridad. Quizá tu esposo tenga una forma peculiar de decirte cuándo se siente decepcionado de ti.

No solo eso, sino que nuestra cultura tiene una forma de hacernos sentir inferiores. Siempre que miramos a los lados, tal parece que no podemos evitar ver a alguien más atractivo que nosotros. No podemos evitar ver a alguien con una casa mejor que la nuestra. No podemos evitar ver a alguien con un título mejor que el que nosotros obtuvimos. No podemos evitar ver a alguien con unas vacaciones mejores que las que tuvimos nosotros. No podemos evitar ver lo mejor de cada persona en las redes sociales, y no podemos evitar comparar esos mejores con lo que sabemos de nuestros peores.

Es una receta para sentirse inferior. Para sentir que no somos suficientes.

No solo eso, sino que también tenemos un enemigo espiritual en este mundo, y trabaja tiempo extra para hacerte creer que no eres suficiente. Quiere que pienses que no eres lo suficiente justa como para traer tus peticiones delante de un Dios santo. Quiere que creas que no eres lo suficiente humilde si oras por algo que necesitas. Quiere que creas que no eres lo suficiente mansa si le pides a Dios que permanezca a tu lado en la batalla. Quiere que creas que no tienes el gozo suficiente si te acercas a Dios para expresarle tu desesperación.

No permitas que nada de eso dé resultado. No creas ni una sola palabra de esto. Gracias al maravilloso mensaje de la revelación de Dios a través de las Escrituras, eres más que suficiente.

Pablo declaró que somos «escogidos de Dios, santos y amados» (Colosenses 3:12). Esa eres tú.

Juan dijo que somos «hijos de Dios» (1 Juan 3:1). Esa eres tú.

Pedro dijo que somos «elegidos de Dios [...] elegidos según la provisión de Dios el Padre» (1 Pedro 1:1-2). Esa también eres tú.

La Biblia dice que eres la niña de los ojos de Dios. Eres su tesoro más precioso. Eres querida. Amada. Buscada. Elegida. Vale la pena que te busquen y que peleen por ti. ¡Vale la pena morir por ti!

En pocas palabras, eres valiosa para Dios. Por tanto, nunca permitas que nada te impida venir a Él en oración.

No te detengas

Hay una característica más que quiero resaltar sobre esta mujer con el asunto de la sangre: nunca desistió. Siguió trabajando y siguió buscando hasta que obtuvo lo que necesitaba. Es obvio que esa característica es muy importante con respecto a nuestras vidas de oración.

La ley del Antiguo Testamento incluía una serie de disposiciones diseñadas para resaltar la pureza y la limpieza en la comunidad israelita, no la «limpieza» en términos de mantener el piso limpio (aunque eso es importante), sino la limpieza moral. La rectitud.

De acuerdo con esas disposiciones, las personas, las casas o la ropa que estaba corrupta de alguna manera, que no estaban limpias, necesitaban purificarse antes de poder regresar a su rutina normal. Cuando algo se volvía impuro, casi siempre había un proceso para hacerlo limpio otra vez, pero requería esfuerzo. A veces mucho esfuerzo. No obstante, era necesario observar esas reglas y regulaciones para que la comunidad continuara siendo un lugar adecuado donde pudiera habitar el nombre de Dios.

Una de esas disposiciones específicas mencionaba a las mujeres que experimentaban sangramiento fuera de su período menstrual normal: «Cuando una mujer tenga flujo continuo de sangre fuera de su período menstrual, o cuando se le prolongue el flujo, quedará impura todo el tiempo que le dure, como durante su período» (Levítico 15:25). Según esta ley, cuando una mujer sufría un sangramiento de este tipo, cualquier cosa que tocara también se consideraba impura. Eso incluía todas las sillas donde se sentaba, todas las camas donde dormía y todas las personas con las que tenía contacto.

Había consecuencias adicionales por estar «impuro» en los días de Jesús. Por una parte, dicha persona debía anunciar su condición cuando se acercaba a otros. Tenían que caminar por las calles gritando: «¡Impura! ¡Impura!».

Lo que es más importante, las personas que se consideraban impuras de acuerdo con el ritual no podían entrar al templo. No podían adorar. No podían hacer sacrificios para recibir el perdón de sus pecados. Eso significaba que las apartaban del resto de las personas y que no tenían un acceso significativo a Dios.

Esto es algo que he aprendido por experiencia: no hay dolor como el dolor del aislamiento. No hay angustia como la angustia de estar separados de quienes amas, preguntándote en cambio si alguien te ama a ti. No hay desesperación como la desesperación de sentirse indigno, desagradable, despreciado y no amado porque cada vez que intentas establecer contacto con alguien o acercarte a alguien, se apartan de ti.

La mujer con el problema de la sangre soportó el aislamiento social y espiritual durante doce años. Estoy seguro de que le parecería una vida entera.

No obstante, nunca desistió.

Estoy seguro de que esta mujer hizo lo que muchos de nosotros hacemos cuando luchamos con una enfermedad debilitante. Primero, buscó el cuidado y el consejo de los médicos. Empezó en su propio barrio, deseosa de que pronto apareciera una cura.

A medida que pasaban los meses, visitaba especialistas de lugares más lejanos. Tal vez recorriera todo el camino hasta Jerusalén, la gran ciudad, con el propósito de ver a los mejores médicos. Quizá fuera allí donde perdió su dinero. Se quedó sin un centavo.

Cuando perdió toda confianza en el personal médico de su época, me imagino que probó tratamientos alternativos. Conversó con sus vecinas y con sus tías para ver qué le recomendaban. Tal vez experimentara con el equivalente antiguo del yoga y la homeopatía. Tal vez alguien la convenciera que, de alguna manera, la habían maldecido, y buscara en vano una forma de quitarse lo que le habían echado.

Más tarde, cuando todas las otras esperanzas y todos los otros caminos se cerraron, me imagino que acudió a la oración. Tal vez encontrara una manera de ofrecer sacrificios. Tal vez les gritara a los sacerdotes desde la distancia: «¡Intercedan por mí!». Cuando se quitaba su ropa impura por la noche y dormía en su cama impura, me imagino que se golpeaba con los puños su pecho impuro y le rogaba a Dios que le quitara esa carga. Que la quitara esa maldición. Que le quitara esa mancha de corrupción.

Sin embargo, no desistió.

Y cuando se acercó el momento de su liberación, lo reconoció. Ella reconoció a Jesús. Había escuchado historias durante meses: un rabí que devolvió la visión. Un maestro que transformó la piel de un leproso. Un sanador que tenía autoridad incluso sobre los demonios del Hades.

Esta mujer sabía que Jesús era la única esperanza que le quedaba, y acudió a Él con tenacidad y dinamismo. No se detuvo y no permitió que nada ni nadie la detuvieran.

Como resultado, encontró la sanidad. Y no solo la sanidad física.

Mira lo que dice el texto sobre la reacción de Jesús a la acción de esta mujer: « Entonces la mujer, temerosa y temblando, dándose cuenta de lo que le había sucedido, vino y se postró delante de Él y le dijo toda la verdad. Y Jesús le dijo: Hija, tu fe te ha sanado; vete en paz y queda sana de tu aflicción» (Marcos 5:33-34, LBLA).

«Hija».

Con una sola palabra, Jesús transformó la identidad de esta mujer. Ya no era impura. Ya no era «insuficiente». Ya no estaba apartada y excluida de la sociedad. Ya no solo la identificaba su «asunto».

¡Ahora era una hija del Rey!

Lo mismo es cierto de ti, aunque entiendo que quizá a veces encuentres eso difícil de creer. Eres una hija del Rey, adoptada en su familia, no porque fueras especial ni porque Él te necesitara, sino solo porque te quiso... con asuntos y todo.

Mi hermana, tú y yo sabemos que hay un «asunto» que te agobia. Ha estado ahí durante mucho tiempo. Te ha estado molestando durante mucho tiempo. No sé qué es, pero tú sí. No sé qué lo causó, pero tú sí. No sé todo lo que has tratado de hacer para quitártelo de encima o salir de eso de alguna manera, pero tú sí lo sabes.

Nada ha dado resultado. Cuando tuviste el valor para hablar sobre el asunto con esas personas en las que confías, te dieron sugerencias, pero no soluciones. Cuando trataste de llevar tu asunto a los profesionales, tomaron tus recursos, pero no te dieron ningún alivio. Leíste libros para tratar de hallar una solución. Viste a Oprah y a Dr. Phil en la televisión, y quizá también a Dr. Oz. Escuchaste los sermones de tu pastor y las sugerencias de tu cónyuge. Sin embargo, todavía estás atascada. Todavía estás cargada.

Estás desesperada por respuestas.

Quiero que sepas que he estado donde tú estás ahora. He sufrido de una manera muy similar a lo que estás experimentando, y he caminado junto a las mujeres que amo mientras ellas también sufrían. ¿Te puedo decir lo que he aprendido durante mi experiencia y la de ellas? No te detengas. No te rindas.

Sigue adelante. Sigue orando.

Sin importar lo desesperadas que parezcan tus circunstancias ahora mismo, hay alivio en tu futuro. Hay esperanza en tu futuro. Hay sanidad. Así que no te detengas. Sigue orando.

Al igual que esa mujer con el asunto de las hemorragias, no dejes de buscar ayuda hasta que toques al mismo Dios. No dejes de extender tu mano hasta que toques a tu Salvador; Él te está esperando. Está caminando despacio entre la multitud, para pararse justo delante de ti. No dejes de orar hasta que escuches su voz, ¿porque sabes lo que va a decir cuando mire hacia abajo y vea las lágrimas que te corren por el rostro? «Hija, tu fe te ha sanado».

Eso es lo que sucede cuando las mujeres oran: obtienen la victoria sobre los asuntos de la vida.

CAPÍTULO 5

Noemí

*Cuando las mujeres oran, las maldiciones
se convierten en bendiciones.*

Noemí reconoció la curva en el camino que tenía delante. Habían pasado muchos años desde la última vez que la vio, pero todavía la reconocía. Si hubiera tenido los ojos cerrados, es probable que hubiera identificado esa curva específica por la forma en que sus pisadas dejaban eco en las rocas y las crestas.

Justo como cuando era niña, pensó. *Todavía lo recuerdo.*

Casi había llegado a casa.

«Es bueno verte sonreír, madre. ¿Estamos cerca?».

La voz de la joven sacó a Noemí de sus pensamientos. «Sí, hija», dijo. Luego se corrigió a sí misma: «Sí,

Rut. Cuando doblemos la curva que está más adelante, se verá Belén».

Noemí notó con alivio que la voz de Rut todavía estaba fuerte a pesar del día de viaje por las difíciles pendientes entre las montañas. Respiraba con facilidad, y sus pasos eran ligeros y firmes. *Todavía es joven*, pensó Noemí, *pero quizá estuviera equivocada con respecto a ella. Quizá encuentre una vida aquí después de todo.*

Las dos mujeres volvieron a guardar silencio a medida que se aproximaban a la curva. *Puede que Rut todavía encuentre una vida*, reflexionaba Noemí, *pero eso era lo que yo estaba buscando cuando dejé este lugar, y mira lo que me pasó. No encontré nada en Moab, sino solo muerte.*

Sobresaltada, Noemí se dio cuenta de que no era mucho mayor que Rut cuando su joven familia salió de Belén. Había una hambruna en Israel, y la comida comenzaba a escasear. Fue idea de Elimélec vivir en Moab durante algún tiempo. «Los niños tienen que comer», le dijo. «Saquearemos a los paganos durante algunos años y regresaremos a casa con ovejas y cabras a nuestro lado, y anillos en nuestros dedos. Será justo como nuestro pueblo saqueó a los egipcios en la época de Moisés».

Noemí sacudió la cabeza. *Nunca se quedó sin promesas.* Sin importar lo difícil que fuera el viaje, sin importar lo duro del trabajo, Elimélec siempre tenía un plan. Siempre fue rápido con las promesas.

Sus promesas murieron con él en Moab. Entonces, toda la planificación recayó sobre ella.

«No hay cabras caminando a mi lado, Elimélec», murmuró mientras doblaban la esquina. «No hay anillos en mis dedos, mi esposo. Incluso tú y mis hijos se fueron».

Rut alzó la mirada por un momento, pero no habló. Se había acostumbrado a las meditaciones de su suegra.

Noemí dejó de sonreír cuando el camino se hizo recto y Belén apareció en frente de ellas. Podía ver el humo que salía de las cocinas mientras las mujeres preparaban la comida de la noche. De vez en cuando se veían destellos de las lámparas que ya estaban encendidas antes de que llegara la oscuridad de la noche.

Estaba en casa.

¿Qué dirán?, pensó. *¿Qué dirán cuando vean en lo que me he convertido?*

Bajo maldición

Todos entendemos que las circunstancias difíciles son parte de la vida. Todos sabemos que las pruebas y las tragedias nos tocarán en algún momento, y esperamos que así sea. Las anticipamos. Hacemos todo lo posible a fin de estar preparados para cuando lleguen esos momentos.

Sin embargo, a veces la profundidad y la amplitud de esas circunstancias van mucho más allá de nuestras expectativas. A veces, lo que vemos como un momento difícil puede convertirse en una temporada. No solo una batalla, sino una temporada de batallas. No solo una prueba o una tragedia, sino una temporada de pruebas y tragedias.

Estas temporadas tienen lugar cuando el sufrimiento y el dolor parecen acumularse uno encima de otro. Se multiplican. Se reproducen. Primero, tu esposo sale herido en un accidente. Eso es malo. No puede trabajar debido a su herida, lo que significa que el dinero comienza a escasear, o tal vez se acabe y te metas en el camino aterrador de la deuda. Eso es peor. Entonces, tus hijos se impacientan y se vuelven huraños; dejan de venir a casa después de la escuela, pues no les gusta ver a papá sentado como un inútil en el sofá y están cansados de la tensión constante. Tal vez tu hijo empiece a salir con los amigos equivocados. Eso es todavía peor. Al final, te tocan a la puerta en la medianoche. La policía vino a decirte que hubo una pelea. Había un arma. Y tu hijo no regresará a casa.

Eso es lo peor de todo.

En esas temporadas en las que parece que todo lo que *puede* salir mal *sale* mal, es fácil creer que la vida nunca volverá a ser la misma. Es fácil creer que Dios se ha olvidado de ti. Es fácil creer que estás bajo maldición y que nunca te vas a recuperar.

Eso fue lo que creyó Noemí. Eso fue lo que experimentó.

Como muchas mujeres alrededor del mundo en la actualidad, Noemí era una refugiada. Ella y su familia huyeron de su hogar para escaparse de un período de hambruna, y se establecieron en una tierra extranjera llamada Moab. Estaban en busca de una vida mejor. Lo triste es que nunca la encontraron.

Primero, murió el esposo de Noemí. Luego, en lo que tiene que haber sido un duro golpe para Noemí como madre judía, sus dos hijos se casaron con mujeres moabitas, en desobediencia directa a la ley mosaica. Por último, llegó el golpe más fuerte de todos cuando murieron ambos hijos de Noemí. Se había quedado en un lugar donde no pertenecía con nueras que no deseaba.

Todo esto tuvo lugar a lo largo de diez años. Una temporada de sufrimiento.

Cuando observamos la historia de Noemí en su conjunto, hay un paralelo interesante con otro personaje del Antiguo Testamento llamado Job. En caso de que no recuerdes esa historia, Job era un hombre justo que también era la persona más rica y próspera de su región. Tenía mucho dinero. Tuvo que contratar a pastores y sirvientes para que cuidaran sus rebaños y sus manadas. Incluso, tuvo muchos hijos e hijas con los que compartía sus bendiciones.

Entonces, un día, el mundo de Job se vino abajo. Le robaron sus animales. Asesinaron a sus sirvientes y a sus trabajadores. Sus hijos e hijas murieron en un desastre natural. Más adelante, el mismo Job sufrió llagas dolorosas en todo el cuerpo.

Job pasó del ático a la letrina en menos de veinticuatro horas, y la experiencia quebrantó su espíritu. También sintió que estaba bajo maldición. Dijo: «Que perezca el día en que fui concebido y la noche en que se anunció: "¡Ha nacido un niño!"". Que ese día se vuelva oscuridad; que Dios en lo alto no lo tome en cuenta; que no brille en él ninguna luz» (Job 3:3-4). Más tarde añadió: «Lo que más temía, me sobrevino; lo que más me asustaba, me sucedió. No encuentro paz ni sosiego; no hallo reposo, sino solo agitación» (vv. 25-26).

Tal vez sepas por experiencia cómo se sintió Job en ese momento. «Lo que más temía, me sobrevino». Has estado allí, ¿cierto? Quizá estés ahí ahora. Caíste en la trampa que por tanto tiempo temiste y, al igual que Noemí, sientes que te quedaste sin nada.

Winston Churchill dijo: «Si estás atravesando el infierno, sigue caminando». Ese es un buen consejo, aunque yo lo cambiaría un poco y diría: «Si estás atravesando el infierno, sigue orando». Porque la oración es lo que te sacará de eso.

Si hay sufrimiento en la temporada actual de tu vida, también te sugiero que sigas leyendo. Debido a que es fundamental que comprendas *por qué* estás experimentando lo que estás experimentando ahora mismo. Y es fundamental que entiendas cómo la oración te puede ayudar a sobrevivir hasta que pase esta temporada.

El ataque del enemigo

La razón por la que incluyo la historia de Job en conexión con la de Noemí es por la manera en que el libro de Job corre la cortina divina para revelar la fuente de nuestra temporada de sufrimiento.

Sí, hay una fuente de nuestro sufrimiento. ¿Creías que tu dolor era por casualidad? ¿Has aceptado el mensaje de este mundo de que a veces «pasan cosas» sin ningún motivo? ¿Has creído la afirmación de que todas las calamidades, crisis y situaciones difíciles en este mundo no se deben a otra cosa que no sea la casualidad?

No. Hay una fuente detrás de nuestras temporadas de sufrimiento, y su nombre es Satanás. El diablo. Nuestro enemigo.

Como líder de la iglesia, siempre anticipo los ataques de nuestro enemigo. No quiero decir que estoy acostumbrado a ellos, pues cada ataque es nuevo y cada uno trae consigo un elemento nuevo de dolor. Aun así, sé que esos ataques vendrán en mi contra. Sin embargo, lo que más detesto es cuando Satanás no me lanza sus ataques a mí directamente, sino contra las personas que amo.

Recuerdo cuando nos mudamos con nuestra familia a Dallas. Mi esposa y yo teníamos treinta y ocho o treinta y nueve años, y esta era la primera vez que nos mudábamos a la gran ciudad. Solo por la dificultad de conducir era abrumador tratar de moverse de un lugar a otro en esta nueva ciudad llena de autopistas, pasos elevados de concreto, impuestos de carretera y todo lo demás.

Lo que es más, Serita y yo hacíamos todo lo posible para aprender la mejor forma de liderar una nueva iglesia. Nuestra congregación era activa y estaba creciendo, lo que era una bendición maravillosa. No obstante, también era una gran responsabilidad. Tuvimos que contratar a algunos miembros nuevos en la junta, lo que implicaba tratar de cumplir complejas tareas relacionales con miembros del equipo que eran extraños. Tuvimos que ordenar personas como diáconos que, a simple vista, no estaban preparados para ser diáconos.

Puedo decir con confianza que lo único que nos permitió salir victoriosos de esa temporada fue la ayuda de mi suegra. En ese tiempo pensaba que estaba ocupado, pero al volver la vista atrás, puedo ver cómo Serita tenía que hacer cientos de cosas. Tenía niños que estaban creciendo, una iglesia que estaba creciendo, un nuevo hogar, un esposo amoroso, un exigente cronograma de viajes, y una nueva posición pública que era mayor que cualquier cosa con la que hubiera lidiado antes. La única forma en que pudo afrontar todo eso y más fue gracias a su mamá, quien vivía con nosotros durante esa época.

La mamá de Serita fue una cuerda de salvación en muchos sentidos. Ayudaba con los niños. Era nuestra confidente. Fue nuestra amiga durante los tiempos buenos y los malos. Hizo posible que Serita y yo hiciéramos lo imposible.

Lo lamentable es que también estaba enferma. Y no teníamos idea de lo que venía.

Mi esposa y yo estábamos en Filadelfia cuando recibimos la llamada telefónica. Aún todos estos años después, no tengo idea de qué hacíamos allí, es probable que por una conferencia de algún tipo. Sin embargo, recuerdo con claridad el terror en los ojos de Serita mientras escuchaba esa llamada telefónica. Habían llevado a su mamá de urgencia al hospital. Estaba con vida artificial, y los médicos decían que había muy pocas posibilidades de que se recuperara.

Por supuesto, viajamos a casa enseguida. Nos quedamos en el hospital para verla y estar a su lado durante esos últimos momentos. Sin embargo, no me cabe duda que cuando apagaron ese respirador que mantenía viva a su mamá, algo en Serita se apagó también. Una parte de la vida y de la vitalidad que siempre había visto y amado en mi esposa desapareció, y no estoy seguro de que haya resucitado.

Esa fue una temporada terrible por muchos motivos, y sabía muy bien que estábamos bajo ataque. Toda mi familia estaba bajo ataque. Y nuestro único recurso era la oración.

Cuando leemos la historia de Job, vemos que Dios señala a Job como un ejemplo de justicia; un hombre que era rico y bendecido y que, a pesar de ello, se mantenía humilde, trabajador y amable. Satanás le respondió a Dios preguntándole: «¿Acaso no están bajo tu protección él y su familia y todas sus posesiones? De tal modo has bendecido la obra de sus manos que sus rebaños y ganados llenan toda la tierra.

Pero extiende la mano y quítale todo lo que posee, ¡a ver si no te maldice en tu propia cara!» (1:10-11).

El resultado, como ya vimos, fue devastador para Job. No obstante, a pesar de todas sus pérdidas, Job no profirió ni una sola palabra contra Dios.

Satanás aumentó el ataque, y dijo: «¡Una cosa por la otra! [...] Con tal de salvar la vida, el hombre da todo lo que tiene. Pero extiende la mano y hiérelo, ¡a ver si no te maldice en tu propia cara!» (2:4-5).

El libro de Rut no corre la cortina de la misma forma que el libro de Job. No encontramos nada acerca de las maniobras de Satanás en el trasfondo del sufrimiento de Noemí. Sin embargo, no te equivoques: estaba ahí. Estaba danzando cuando murió el esposo de Noemí. Estaba presente cuando sus hijos murieron, y sonreía al ver su dolor. Miró con aprobación cuando empezó su largo viaje de regreso a Israel, acongojada y quebrantada por el polvoriento camino.

Satanás y sus fuerzas están presentes en tu vida también. Si tienes alguna conexión con Dios, el diablo es tu enemigo. Y es implacable en su deseo de destruirte. Uso esa palabra con toda intención. No te quiere molestar. No te quiere perturbar. No le importa interrumpirte.

Quiere destruirte.

Hay buenas y malas noticias en lo que se refiere a la influencia de Satanás en nuestras vidas. La mala noticia es que es más fuerte que tú. Más fuerte que yo. Más fuerte que cualquiera de nosotros.

La Biblia dice lo siguiente acerca de Satanás: «Practiquen el dominio propio y manténganse alerta. Su enemigo el diablo ronda como león rugiente, buscando a quién devorar» (I Pedro 5:8). La implicación de esto es que Satanás es capaz de devorarnos. En un principio, se creó como un ángel poderoso, el primero y el mejor de su tipo. Ha estado presente año tras año, siglo tras siglo, lo que significa que también es más inteligente que nosotros. Es extremadamente peligroso en todos los sentidos.

Aquí tienes un principio importante: cuando enfrentas a un enemigo más fuerte y más inteligente que tú, la oración es tu única esperanza.

¿Por qué orar? Porque Satanás no es más fuerte que Dios. En realidad, Satanás permanece directamente bajo la autoridad de Dios. Cuando Satanás quiso atacar a Job, tuvo que acudir a Dios y pedirle permiso, y tuvo que mantenerse dentro de los límites que estableció Dios. Lo mismo fue cierto cuando Satanás lanzó sus ataques contra Noemí, y lo mismo es cierto cuando lanza sus ataques contra ti y contra mí.

Esa es la buena noticia. Tú y yo tenemos la oportunidad de estar en comunicación directa con Aquel que ya conquistó a nuestro enemigo.

Hay poder en la oración.

Lo lamentable es que, según las Escrituras, parece que Noemí pasó muchos años en su temporada de sufrimiento sin tener acceso a ese poder.

Una raíz de amargura

¿Te acuerdas la última vez que probaste algo amargo? En lo personal, no me gusta la experiencia, pero a menudo como algo amargo como la berza, la col de Bruselas o uno de esos otros vegetales verdes. Puedo estar comiendo una ensalada o algo y, de repente, muerdo una hoja que me hace rechinar los dientes.

Según mi experiencia, el sabor amargo es uno que rara vez disfrutamos con nuestras comidas, y uno que nunca disfrutamos en nuestras vidas.

No obstante, si analizamos con más detenimiento la historia de Noemí, nos damos cuenta de que estaba íntimamente familiarizada con sentimientos de amargura. Cuando sus nueras expresaron el deseo de acompañarla de regreso a Israel, les dio muchos detalles tratando de explicar todas las razones por las que mejor se quedaban en Moab. «¿Para qué se van a ir conmigo?» (Rut 1:11). Se describió a sí misma como una mujer que nunca más iba a tener la alegría de tener un esposo y que nunca más vería a sus hijos crecer.

«Mi amargura es mayor que la de ustedes», les dijo ella, «¡la mano del Señor se ha levantado contra mí!» (v. 13).

¿Acaso no resulta tentador compararnos con otros cuando los tiempos son difíciles? En vez de caer de rodillas en oración, se nos suben los humos y miramos a todos los que nos rodean. Nos decimos: *Nadie lo está pasando tan mal como yo. Todos mis amigos están en la Calle Fácil comparados con lo que yo estoy pasando.*

Hay un placer perverso en ponernos por encima de todos los demás, incluso cuando el criterio para nuestra comparación sea el sufrimiento. Sin embargo, tales comparaciones son contraproducentes. Lo único que hacen es hundirte más todavía en tu pozo.

Más tarde, cuando Noemí y Rut llegaron a Belén, los que habían conocido a Noemí en el pasado se sorprendieron al ver lo que había sido de ella en el presente. Las mujeres del pueblo exclamaron: «¿No es esta Noemí?» (v. 19).

En primer lugar, esa es una pregunta brutal cuando te la encuentras en tu tierra natal. Cuando la vida no ha marchado de la manera que lo planeaste, es fácil que la vergüenza crezca en nuestros corazones. No queremos que las personas se enteren de nuestros fracasos y nuestros pasos en falso, en especial los que nos recuerdan la época cuando éramos jóvenes.

Por eso es que a menudo evitamos visitas y reuniones con personas de nuestro pasado. *No puedo permitir que me vean ahora, cuando antes era tan prometedor y tenía tanto potencial.* Por eso, también es que nos esforzamos por parecer lo mejor posible en las redes sociales. Solo publicamos las fotos que tienen el ángulo adecuado. Solo hacemos públicos esos momentos que nos permiten vanagloriarnos un poco. Todo lo demás permanece escondido. Bajo llave.

En segundo lugar, la respuesta de Noemí a las mujeres de su pueblo natal es desgarradora:

—Ya no me llamen Noemí —repuso ella—. Llámenme Mara, porque el Todopoderoso ha colmado mi vida de amargura. Me fui con las manos llenas, pero el Señor me ha hecho volver sin nada. ¿Por qué me llaman Noemí si me ha afligido el Señor, si me ha hecho desdichada el Todopoderoso? (vv. 20-21)

Ese nombre *Mara* significa «amarga». Estas son las palabras de una mujer que permitió que la amargura consumiera su identidad. Estas son las palabras de una mujer que permitió que la amargura consumiera su corazón. Y estas son las palabras de una mujer que perdió todo sentido de su valor como hija de Dios.

El autor de Hebreos advirtió acerca del poder destructor de la amargura cuando escribió: «Asegúrense de que nadie deje de alcanzar la gracia de Dios; de que ninguna raíz amarga brote y cause dificultades y corrompa a muchos» (Hebreos 12:15).

La amargura es como una raíz en el sentido de que se va profundizando hasta llegar a lugares donde no es fácil ver ni acceder. La amargura tiene una forma de absorber nuestro dolor, nuestro arrepentimiento y nuestra angustia, todos esos sentimientos destructivos en los que nadamos durante las temporadas de sufrimiento y, luego, los manda directo a nuestro corazón. Nos cambia y marchita nuestros corazones y nuestras mentes de adentro hacia afuera.

La amargura es lo que te lleva a sentirte irritada o incluso enojada por la buena suerte de quienes te rodean. Cuando estás deprimida, a veces es más fácil desear que todos los demás estén en el suelo contigo en lugar de hacer el esfuerzo de orar a Dios y pedirle que te levante. Que te limpie de nuevo. Que te traiga sanidad.

La amargura es la que te lleva al alcohol, las drogas, la comida, la pornografía o cualquier otra cosa como un método para lidiar con tu temporada de sufrimiento. Cuando la amargura te ha consumido, desarrollas un deseo de consumir cualquier cosa que te quite el sabor de la boca, cualquier cosa que elimine la aflicción de tu corazón.

La amargura es la que te lleva a culpar a otros por el dolor que has experimentado y, en especial, a culpar a Dios. Noemí dijo: «Me ha afligido el SEÑOR [...] me ha hecho desdichada el Todopoderoso». Es fácil usar a Dios como un saco de entrenamiento cuando la vida es dura, pero eso también es contraproducente. No resuelve nada.

En vez de eso, cuando nos encontramos en medio del sufrimiento, necesitamos caer de rodillas ante el trono de Dios y clamar: «Señor Jesús, ten misericordia de mí, pecador».

Noemí permitió que la amargura echara raíces en su interior, y eso casi la destruye.

Casi.

De maldiciones a bendiciones

Si solo lees el primer capítulo de Rut, parece una historia deprimente. Una historia desalentadora de una anciana que la vida golpeó tanto que literalmente llega al final de su camino y se da por vencida.

Por fortuna, hay otros tres capítulos en la historia de Noemí... y en la de Rut.

Si estás en una temporada de sufrimiento ahora mismo, necesitas recordar que también hay más capítulos en tu vida. ¡Todavía tienes más historia en tu historia! ¡Todavía tienes más vida en tu vida! Así que no te des por vencida. No te dejes consumir por la amargura ni te llenes de remordimientos. Hay más por venir para ti.

Antes mencioné que era probable que Noemí no se sintiera complacida cuando su hijo escogió a Rut como esposa. Eso no tenía mucho que ver con Rut como persona; más bien, era por la identidad de Rut como moabita. Se suponía que los hombres judíos se casaran con mujeres judías; eso fue lo que el propio Dios ordenó cuando le dio la ley a Moisés. Por tanto, es probable que la presencia de Rut fuera un motivo de discordia en la familia de Noemí.

Entonces, resulta irónico que Rut fuera la única que se quedara al lado de Noemí a lo largo de esa temporada de sufrimiento. No importaba lo bajo que llegara Noemí, ahí estaba Rut. No importaba lo mucho que se quejara Noemí, ahí estaba Rut. Y no importaba lo mucho que protestara Noemí o que deseara que las cosas fueran mejores, Rut estaba ahí para pasarlo a su lado.

Lo que es más, hay una doble ironía presente en esta historia, pues Rut fue, en última instancia, la chispa para la salvación de Noemí.

En la comunidad israelita, el linaje era todo. Era esencial no solo para forjarse el nombre de la familia, sino también para heredar las propiedades de generación en generación. Por tanto, el hecho de que los hijos de Noemí estuvieran muertos significaba que el nombre de su esposo y sus derechos de propiedad pasarían a otro. Ella era la última del linaje de su familia.

La única esperanza estaba en una regulación poco conocida en la ley judía que permitía un «pariente redentor». Se trataba de un hombre dentro de la familia extendida a quien se le podía dar la opción de ayudar a los miembros de su familia que tenían grandes necesidades, incluida la de extender el linaje de esa familia al tener un nuevo heredero.

En esencia, un pariente redentor podría intervenir como esposo sustituto.

El problema en la situación de Noemí era la propia Noemí. Era una mujer mayor, lo que significaba que tal vez ya había pasado el punto de no regreso en lo que respecta a concebir un hijo. Además, su edad hacía que fuera más difícil convencer al pariente redentor de su familia para que disfrutara de los privilegios de su posición, si sabes a lo que me refiero.

Sin embargo, Rut era un asunto diferente.

Como era de esperar, con la orientación de Noemí, Rut atrajo la atención del pariente redentor de la familia de Noemí, un hombre llamado Booz. Los dos se unieron como esposo y esposa, y más tarde tuvieron un hijo. Eso significaba que el linaje familiar de Noemí continuaría. No iba a quedar desamparada. No iba a quedar abandonada. No iba a quedar olvidada (o lo que es peor, denigrada) por quienes vinieran después de ella en la comunidad.

Por el contrario, fue bendecida.

Es más, escucha lo que dijeron las vecinas de Noemí cuando nació el niño:

> Las mujeres le decían a Noemí: «¡Alabado sea el SEÑOR, que no te ha dejado hoy sin un redentor! ¡Que llegue a tener renombre en Israel! Este niño renovará tu vida y te sustentará en la vejez, porque lo ha dado a luz tu nuera, que te ama y es para ti mejor que siete hijos». (Rut 4:14-15)

Las personas de Belén alabaron al Señor por el nacimiento de un niño. ¿Te parece conocido?

Como en el caso de Sara, ninguna de las oraciones de Noemí aparece en las Escrituras. Sin embargo, Dios entendió los susurros secretos de su corazón. Al igual que tú, Noemí anhelaba salir de su temporada de sufrimiento. Ansiaba dejar atrás la vergüenza y la amargura que se habían endurecido en su corazón. Deseaba una vida con significado y propósito.

¿Sabes cuál es la mejor parte de la historia de Noemí? Aquí la tienes: «Las vecinas decían: "¡Noemí ha tenido un hijo!". Y lo llamaron Obed. Este fue el padre de Isaí, padre de David» (v. 17).

Rut fue la abuela del rey David. Lo que significa que Noemí fue su bisabuela. Incluso, es posible que lo haya cargado en sus brazos, que haya acariciado sus mejillas. Eso también significa que Noemí era, legalmente, parte del linaje de Cristo. No solo fue bendecida cuando se restauró el linaje de su familia, sino que todos los pueblos de la tierra también han sido bendecidos a través de ella.

Por eso es que no debes dejar que la amargura y el dolor te abrumen durante las temporadas de sufrimiento, pues nunca sabes lo que Dios tiene planeado para tu futuro. ¡Puede que tengas reyes viviendo en ti! Puede que seas el instrumento que Dios está puliendo y formando para usarlo justo de la forma adecuada para producir una bendición más grande de lo que tu ciudad o tu comunidad haya visto jamás.

Lo voy a repetir: Si estás atravesando el infierno, sigue caminando. Y sigue orando. Porque cuando las mujeres oran, las maldiciones se convierten en bendiciones.

CAPÍTULO 6

La samaritana

Cuando las mujeres oran, se sacian de su sed.

Era el calor que más odiaba.

Sí, el cántaro era pesado, en especial cuando estaba lleno de agua. Aun así, se estaba volviendo más fuerte. Estaba empezando a sentir menos el peso. Al menos un poco. Y sí, el viaje era largo. Después de tres o cuatro viajes, caminaba cojeando el resto del día por el dolor en el pie, pero lo podía soportar. Un pequeño precio.

Sin embargo, el calor era diferente. Todo el peso del sol que la presionaba, que la abrasaba, era una carga pesada. Más pesada que el agua. La intensidad de la luz le picaba los ojos en una dirección, y le abrasaba el cuello y los hombros en la otra. En conjunto, toda la experiencia empezaba a ser insoportable.

No, pensó. *No es insoportable, pues sé que continuaré soportándolo.*

Las otras mujeres iban juntas a sacar agua en las horas frescas de la mañana. Conversaban mientras caminaban, intercambiando bromas y los últimos chismes mientras el sol comenzaba a asomarse sobre las montañas. Trabajaban juntas para sacar los pesados cántaros del fondo del pozo, salpicando y chapoteando mientras tiraban de la cuerda, de modo que ninguna se sintiera abrumada por la carga.

Solía acompañarlas, pero ya no. Se cansó de las miradas inquisitivas que intercambiaban siempre que mencionaban a sus esposos. Con cada comentario hiriente, tanta dulzura y agudeza saliendo de tantas lenguas, su furia crecía y amenazaba con desbordarse como uno de sus cántaros.

«Vi a tu segundo esposo ayer en el mercado, ¿o fue al tercero?». «Sé que Raquel quería invitarte a su matrimonio, querida, pero pensó que te ibas a sentir incómoda».

Eso se había vuelto insoportable. En verdad insoportable.

Disfrutaba la tranquilidad del mediodía. No había otras mujeres. No había nadie que la ayudara, cierto, pero tampoco había nadie que la confrontara. Nadie para ofrecer regaños y rechazo bajo un disfraz de bondad.

No obstante, maldecía al calor.

A varios cientos de metros del pozo, se detuvo. Alguien estaba sentado allí. Descansando. ¿Esperando? *¿Acaso no me van a dejar en paz?*, pensó. *¿Dejaron a alguien para que me critique incluso ahora en el calor del día?*

Sin embargo, no era así. A medida que se acercaba, se dio cuenta de que la persona que estaba sentada era demasiado alta como para ser una mujer. Demasiado robusto. Demasiado fuerte. Era un hombre.

¿Pero por qué un hombre estaría aquí?, pensó. *¿Y por qué ahora?*

¿Qué podría querer?

Esconderse

En el cuarto capítulo del Evangelio de Juan, encontramos otro personaje bíblico cuyo nombre tampoco conocemos y que es famoso. Puede que hayas escuchado acerca de esta mujer en particular descrita como «la samaritana» o «la mujer en el pozo».

A diferencia de la mujer con el problema de las hemorragias, esta mujer no buscaba a Jesús. No estaba buscando a Jesús. Es más, no estaba buscando a nadie; todo lo contrario. Estaba tratando de esconderse. Estaba manteniendo un perfil bajo. Agachándose. Haciendo todo lo que podía para no ser vista y pasar inadvertida.

Por suerte para ella, a Jesús no le interesaba eso. Había venido de manera específica para encontrarla y proveerle de maneras que todavía ella no alcanzaba a entender.

Justo como Él lo hace por ti y por mí.

Sabemos que esta mujer se escondía, pues el texto dice que, cuando Jesús se sentó en el pozo de Jacob para descansar, «era cerca del mediodía». Por si acaso no has estado en un desierto recientemente, te puedo asegurar que hay mucho calor en el desierto. Sobre todo, «cerca del mediodía». Y en el Oriente Medio en especial. El sol es implacable. No te puedes escapar de él, ni puedes evadir su calor.

No obstante, esa era la hora en que esa mujer visitaba el pozo para sacar agua. Y solo para asegurarnos de que estamos en la misma página, esta mujer cargaba el pesado cántaro desde su casa hasta el pozo, hasta el lugar donde había agua disponible, por un camino polvoriento y desgastado por los pies. Luego, ataba su cántaro a la cuerda y lo bajaba por el pozo hasta que se sumergía en el acuífero. Cuando el cántaro se llenaba, comenzaba la difícil tarea de tirar de la cuerda y sacar el cántaro, ahora más pesado, hasta la superficie. Esforzándose por derramar la menor cantidad de agua posible, se ponía el cántaro en el hombro, o quizá directamente sobre la cabeza, y después iniciaba el viaje de regreso a la ciudad.

Si eso parece una forma difícil de conseguir agua, recuerda esto: la mujer necesitaba agua no solo para ella, y no solo para el hombre con el que vivía y los niños de la casa, sino también para los animales que tuvieran. Los rebaños y manadas que tuvieran necesitaban comer y beber también. A diario.

Esta es la cuestión: un cántaro no cubría todas esas necesidades. Esta mujer hacía muchos viajes de ida y vuelta, ida y vuelta, ida y vuelta. Todo el tiempo cargando aquel pesado cántaro. Todo el tiempo sudando en sus túnicas y con la cabeza cubierta bajo la intensidad del sol de Israel. Hacía eso día tras día, semana tras semana, mes tras mes.

A lo que me refiero es que esta mujer soportaba a propósito mucho trabajo y mucha frustración con un objetivo específico: se escondía de su comunidad. No quería unirse a las otras mujeres que iban a buscar agua durante las horas frescas de la mañana. Quería el aislamiento. Quería la soledad. Había escogido a propósito un camino más difícil en el presente para poder esconderse de su pasado.

En la actualidad, hacemos lo mismo. Nos esforzamos de la misma manera para esconder las partes de nosotros o los momentos de nuestro pasado que consideramos que son inapropiados para la vista pública.

Nos escondemos en nuestros autos mientras viajamos solos. Nos escondemos detrás de las puertas de la oficina o debajo de nuestros audífonos. Nos escondemos detrás de la banalidad de conversaciones amistosas infructíferas. «¿Cómo estás?». «Bien, aquí, disfrutando este clima maravilloso». Nos escondemos detrás del aura de logros y conocimientos que todo el tiempo nos ponemos delante del rostro como un escudo. Nos escondemos detrás del maquillaje y los tintes de cabello. Nos escondemos detrás de las puertas de los garajes y de los calendarios sociales.

Muchos de nosotros somos expertos en escondernos a plena luz. Las personas nos ven. Hablan con nosotros. Conocen cuáles son nuestros equipos deportivos favoritos y nuestros pasatiempos. Sin embargo, no tienen idea de quiénes somos debajo de la superficie. No tienen idea de lo que nos molesta ni de cómo nuestras experiencias pasadas nos han formado y moldeado.

En otras palabras, no nos conocen por *dentro*, y hacemos todo lo posible para que siga siendo así.

Esconderse de Dios

Fíjate que la samaritana intentó esconderse de Jesús también. Primero, trató de esconderse detrás de una apariencia de hostilidad. Cuando Jesús le pidió un poco de agua, contestó: «¿Cómo se te ocurre pedirme agua, si tú eres judío y yo soy samaritana?» (Juan 4:9).

A veces, las personas lastimadas son las más difíciles de ayudar en el mundo. ¿Lo has notado? Cuando les tiendes la mano, la rechazan con su actitud. Se hinchan como un gato, gruñendo y dispuestas a arañar.

Por experiencia, te puedo decir que nadie lucha tanto como alguien que se está ahogando, así que mejor te preparas si te aventuras a llevar a cabo un rescate. Incluso, cuando tus intenciones son buenas, su desesperación puede ser tan grande que lo único que hacen es golpearte sin pensarlo. Puedes morir tratando de ayudar a alguien que está lastimado, y esa fue la dinámica que Jesús encontró en el pozo de Jacob.

Como lectores modernos, tenemos el beneficio de toda la historia. Sabemos que Jesús buscó a propósito esta interacción específica con esta mujer específica. El texto dice que Jesús «tenía que pasar por Samaria» (v. 4). Esa es una traducción confusa en potencia, pues no había ninguna razón física o geográfica para que Jesús viajara a través de Samaria. Es más, los judíos y los samaritanos eran enemigos culturales. No se gustaban entre sí, y preferían evitarse los unos a los otros. Por esa razón, los judíos casi nunca viajaban a través de Samaria.

Jesús, sin embargo, *escogió* esta ruta en particular. Escogió penetrar en el territorio enemigo de manera específica, pues tenía la misión de conversar y conectar con esta mujer. Tenía la misión de salvarla de morir ahogada.

No solo eso, sino que Jesús envió lejos a sus discípulos, a fin de preparar el terreno para esa conversación. El texto dice que Jesús estaba solo porque «sus discípulos habían ido al pueblo a buscar comida» (v. 8). Recuerda, en ese momento había doce discípulos, y te puedo decir por experiencia que no se requieren doce hombres para ir a buscar el almuerzo. Todo lo que se necesita es uno. Dos a lo sumo. «Pedro, hazme el favor y busca algo de comer para almorzar en este pozo. Lleva a Juan si necesitas otro par de manos».

¿Por qué Jesús envió a todos los discípulos? Porque no quería que se interpusieran en el camino. Estos eran los mismos tontos que le gritaron al ciego Bartimeo cuando trató de acercarse a Jesús. Eran los mismos hombres que ahuyentaban a los niños del Señor. Los mismos hombres que más tarde iban a tratar de hacer llover fuego y azufre del cielo sobre un grupo de samaritanos que rechazaron las enseñanzas de Jesús.

Lo que estoy diciendo es que Jesús pensó en todos los detalles con el propósito de preparar el terreno para una conversación significativa entre Él y esta mujer. Y, en vez de reconocer ese esfuerzo, en vez de reconocer su oportunidad, la mujer en el pozo trató de alejar a Jesús por ser diferente.

¿Cuántas veces nos escondemos detrás de nuestras diferencias como una forma de ignorarnos unos a otros? ¿Como una forma de negarnos a conocernos? *No hay manera de que pueda conversar con esa persona; no tenemos nada en común. Procedemos de trasfondos diferentes. Vivimos en comunidades diferentes. Nos criaron en culturas diferentes por padres de diferente color. No nos parecemos ni hablamos igual, ni pensamos igual, ni votamos igual, por lo que no hay razón para hacer ningún esfuerzo de conexión.*

Todo es una fachada. Una pantalla. Una forma de escondernos detrás de nuestras diferencias para que no nos confronten con nuestros propios prejuicios. Con nuestra propia comunidad.

Más adelante en la conversación, la samaritana intentó esconderse de Jesús distrayéndolo con teología. Cuando Jesús le señaló algunas informaciones de su pasado que no tenía por qué saber, es decir, que había tenido cinco esposos en su pasado y que ahora vivía con un hombre que no era su esposo, de repente la mujer se convirtió en una erudita de la Biblia.

«Señor, me doy cuenta de que tú eres profeta. Nuestros antepasados adoraron en este monte, pero ustedes los judíos dicen que el lugar donde debemos adorar está en Jerusalén» (vv. 19-20).

Estaba describiendo una antigua disputa entre judíos y samaritanos. Alrededor de novecientos años antes de los días de Jesús, Salomón construyó el templo original en Jerusalén, que también se conoce como el monte de Sión. Cientos de años después, los samaritanos, a quienes trasplantaron a la nación de Israel y quienes adoraban dioses extraños, construyeron un templo para hacerle la competencia al otro en el monte Guerizín. Por tanto, había dos sistemas de adoración que competían entre sí y dos templos opuestos donde se concentraba esa adoración.

En otras palabras, la mujer no quería responder las preguntas de Jesús, de modo que trató de esconderse detrás de una disputa doctrinal.

Ah, qué tontos nos vemos cuando intentamos escondernos de Dios. Adán y Eva intentaron hacerlo cuando pecaron por primera vez en el jardín, pero Dios no puede ser burlado. David pensó que había escondido su rebelión de Dios cuando pecó al llevar a la fuerza a Betsabé a su cama y planificó el asesinato de su esposo, pero Dios no puede ser burlado. Envió al profeta Natán para revelar todo lo que hizo David. Jonás trató de esconderse de Dios en el vientre de un barco con destino a Tarsis, pero Dios lo vio y lo envió al vientre de una ballena.

Esta es una lección que todos tenemos que aprender: No es posible esconderse de Dios. No hay secretos entre tú y Dios. No hay manera de distraerlo para que no vea todas las cosas de tu pasado que prefieres mantener en secreto. No hay manera de confundirlo para que no conozca todos los pensamientos que nadan en tu mente y tu corazón, esos pensamientos que tratas de mantener escondidos incluso de ti misma.

Dios sabe. Él siempre sabe. Él siempre ve.

Por lo tanto, este es un principio que espero que guardes en tu corazón: Cuando vas delante de Dios en oración, hazlo con honradez. Ve con sinceridad. Ve preparada para reconocer todas las formas en que te has rebelado contra Él y todas las veces que te has enfocado en ti misma. Porque Él ya lo sabe.

No solo eso, Él ya ha hecho provisión para perdonarte. Él ya ha planeado un viaje especial solo para conocerte y hablar contigo, solo para sanarte y salvarte, si abres tu corazón y aceptas lo que Él ofrece.

Agua Viva

El único elemento que todavía no hemos tratado en la historia de la samaritana, esta mujer en el pozo, es el elemento que más define esta historia.

Estoy hablando de su sed.

Después que le pidió agua y esta mujer le respondió con tan poca gracia, Jesús dijo algo que parece inesperado. «Si tú conocieras el don de Dios, y quién es el que te dice: "Dame de beber", tú le habrías pedido a Él, y Él te hubiera dado agua viva» (v. 10, LBLA).

La mujer estaba confundida, ¡y con razón! «Señor, no tienes con qué sacarla, y el pozo es hondo; ¿de dónde, pues, tienes esa agua viva? ¿Acaso eres tú mayor que nuestro padre Jacob, que nos dio el pozo del cual bebió él mismo, y sus hijos, y sus ganados?» (vv. 11-12, LBLA).

La mujer tenía una vaga idea de que Jesús estaba haciendo una afirmación audaz: que estaba afirmando ser alguien. Así que se remontó al pasado para establecer una comparación. Después de todo, conversaban en el pozo de Jacob, así que usó a Jacob como un tipo de vara de medir. Una regla. *¿Crees que eres superior a Jacob, cuyo trabajo y provisión ha provisto de agua a nuestra comunidad durante cientos de años?*

De que la mujer no se dio cuenta... de hecho, lo que no podía darse cuenta en ese momento de la conversación, es que Jesús mismo es un manantial de vida. Jesús mismo es una fuente de esperanza, bondad y provisión.

En otras palabras, ella no entendía que hablaba con un Pozo sentado en un pozo.

Jesús le dijo: «Todo el que beba de esta agua volverá a tener sed, pero el que beba del agua que yo le daré no volverá a tener sed jamás, sino que dentro de él esa agua se convertirá en un manantial del que brotará vida eterna» (vv. 13-14).

A continuación tiene lugar el punto crucial de su conversación. El momento central. La mujer respondió, diciendo: «Señor, dame de esa agua para que no vuelva a tener sed ni siga viniendo aquí a sacarla» (v. 15).

Mi hermana, te puedo asegurar que no hay expresión de oración más pura que la que le dijo la mujer a Jesús en ese momento. «Señor, dame de esa agua».

¡Esa es la esencia de la oración!

Después de todo, ¿qué es la oración si no reconocer nuestro propio vacío y pedirle a Dios que nos llene con lo que necesitamos? «Señor Dios, he estado buscando aceptación durante mucho tiempo en muchos lugares. Por favor, dame tu aceptación». «Señor Dios, he estado tratando de encontrar el amor durante más tiempo del que puedo recordar. Por favor, dame tu amor». «Señor Dios, necesito alegría, paz, consuelo, propósito y bendición. Por favor, dame lo que necesito».

En resumen, la oración solo es decir: «Señor, tengo sed. Por favor, lléname de ti».

Fíjate que Jesús expone la inutilidad de los esfuerzos de esta mujer por saciar su propia sed, y no solo se refería a la sed física. No solo hablaba de agua y de pozos. Esta era una mujer con cinco maridos en su espejo retrovisor. Esta era una mujer que vivía con un hombre con quien no se había casado en una cultura donde, de acuerdo a la ley, podían apedrearla hasta morir por tal elección.

Esta mujer tenía sed de compañía. Tenía sed de relaciones. Tenía sed de ser amada, sed que todos experimentamos. Sed que todos compartimos. Sin embargo, había estado tratando de saciar esa sed en todos los lugares equivocados y de todas las maneras equivocadas.

Tenlo por seguro, el diablo siempre tiene soluciones para tu sed. El diablo siempre te va a mostrar formas diferentes de satisfacer tu necesidad. Pero es un mentiroso. Quiere devorarte. Su objetivo es tu destrucción.

Este mundo está lleno de soluciones para tu sed. La economía de nuestra cultura se basa en inflamar toda clase de sed dentro de ti y, luego, venderte falsas promesas para saciar esa sed. No creas esas promesas. Todo lo que brilla no es oro. Solo porque te guiña el ojo no significa que sea una bendición. Solo porque se siente bien no significa que no te va a dañar a largo plazo. Solo porque tiene sentido para todos los demás no significa que es la opción adecuada para ti.

Jesús quería mostrarle a esta mujer un camino mejor. Él mismo. El Agua Viva.

Y Jesús quiere mostrarte un camino mejor a ti también. Porque sabe que tienes sed.

Dios sabe que tienes sed de aprobación. Dios sabe que tienes sed de una carrera que te llene en vez de una que te hace sentir vacía. Dios sabe que tienes sed de alguien que te ame de una manera que te haga sentir viva otra vez. Dios sabe que tienes sed de escuchar la risa de niños en tu hogar. Dios sabe que tienes sed de la educación que tuviste que abandonar cuando eras joven. Dios sabe que tienes sed de solo un mes, o tal vez todo un año, en que todas tus facturas estén pagadas, haya comida en la mesa y no tengas que sentirte tan apretada porque hay más que suficiente.

Dios sabe que tienes sed. Él es Pozo sentado en el pozo, y es capaz de saciar tu sed. ¡Quiere saciar tu sed! La pregunta es: ¿se lo permitirás?

A veces somos muy duros con nosotros mismos y nos golpeamos contra la pared una y otra vez porque cometimos errores en el pasado. Tratamos de escondernos debido a que estamos avergonzados de las decisiones que tomamos ayer, y quizá de algunas de las decisiones que tomáramos hoy. Tal vez hasta creas que no mereces lo que te ofrece Dios. Piensas que no mereces saciar tu sed y llenarte con el Agua Viva de Jesús.

En caso de que necesites escucharlo, déjame decirte esto: las personas desesperadas hacen cosas desesperadas. Esa es una verdad que no solo he visto como pastor, no solo como líder de una comunidad, no solo como esposo y padre; esa es una verdad que he vivido yo mismo. No tienes que ser mala para tomar malas decisiones. No tienes que ser malvada para hacer cosas malvadas. A veces, solo estás desesperada.

Las personas sedientas están desesperadas. Necesitamos agua en nuestro cuerpo o, de lo contrario, morimos. Solo podemos vivir un tiempo limitado sin ella, lo que nos vuelve desesperados. De la misma manera, necesitamos el Agua Viva en nuestras almas. Solo podemos vivir un tiempo limitado sin que Dios llene nuestro espíritu antes de que nos desesperemos. Y cuando nos desesperamos, hacemos cosas que dijimos que nunca haríamos. Vamos a lugares a los que nunca pensamos ir. Cuando nos desesperamos, nos abrimos a la corrupción, a la rebelión y al pecado, pues parece ser la única manera de saciar la sed que nos quema por dentro.

Sin embargo, hay un camino mejor. Jesús es el Agua Viva. Él es el Pan de Vida. Y proveerá justo lo que necesitas cuando te acerques a Él en oración.

«Señor Jesús, por favor, dame tu Agua para que nunca más tenga sed».

Muchos creen

A medida que nos acercamos al final de este capítulo, permíteme hacerte una pregunta: Si te hubieran llamado a traer las buenas nuevas de salvación al pueblo samaritano de los días de Jesús, ¿cómo lo habrías hecho? Si fueras una persona judía llamada a traer el evangelio a un pueblo que había sido enemigo del tuyo durante generaciones, ¿cuál sería tu primer paso?

Si fuera yo, habría sacado una cita con los magistrados y los líderes de la comunidad. Las personas en autoridad. Por lo menos, habría buscado a algunos de los sacerdotes que mencionó la samaritana, esos que adoraban en el monte Guerizín, cerca del pozo de Jacob. Tal vez abriría las Escrituras para mostrarles por qué Dios dirigió a Salomón a edificar su templo en Jerusalén. Podría haberlos ayudado a ver los errores de sus caminos.

O, si fuera en la actualidad, tal vez podría lanzar un sitio web o iniciar un llamado a la acción. Podría construir una plataforma en las redes sociales y reclutar a otros para mi causa: #SalveaSamaria. Podría incluso tratar de encontrar a algunas celebridades para que participaran y ejercieran su influencia por mí.

Sin embargo, Jesús no hizo ninguna de esas cosas allí en el pozo de Jacob en Samaria. No se reunió con la aristocracia local. No buscó entenderse con los líderes religiosos.

En vez de eso, Jesús se sentó en un pozo y esperó que llegara una mujer específica. Porque ella estaba sedienta.

Me encanta lo que dice la Escritura en Juan 4: «La mujer dejó su cántaro, volvió al pueblo y le decía a la gente: —Vengan a ver a un hombre que me ha dicho todo lo que he hecho. ¿No será este el Cristo?» (vv. 28-29).

¿Por qué dejó su cántaro? Porque encontró algo mejor.

Mira lo que pasó después:

Muchos de los samaritanos que vivían en aquel pueblo creyeron en él por el testimonio que daba la mujer: «Me dijo todo lo que he hecho». Así que cuando los samaritanos fueron a su encuentro le insistieron en que se quedara con ellos. Jesús permaneció allí dos días, y muchos más llegaron a creer por lo que él mismo decía.

—Ya no creemos solo por lo que tú dijiste —le decían a la mujer—; ahora lo hemos oído nosotros mismos, y sabemos que verdaderamente este es el Salvador del mundo. (vv. 39-42)

No sabemos su nombre, pero esta mujer que definía toda su vida por su sed se convirtió en el instrumento a través del cual Dios satisfizo la sed de otros. Esta mujer que venía sola al pozo de Jacob debido a que su comunidad la rechazaba, se convirtió en un pozo vivo ella misma, un tributo de la gracia de Dios que desbordaba agua de vida para esa misma comunidad.

Por eso es que quiero ver a millones de mujeres orando en sus ciudades y en sus pueblos a lo largo del mundo hoy. Porque cuando las mujeres oran, sacian su sed y abren las fuentes de bendición de Dios para que comunidades enteras se sacien también.

CAPÍTULO 7

Ester

*Cuando las mujeres oran, obtienen la victoria
sobre la injusticia.*

En cuanto entró por la puerta, Ester supo que algo andaba mal. Por una parte, Mardoqueo estaba en casa, aunque todavía no era la hora de la cena. Por lo general, su primo y tutor regresaba tarde cada noche debido a sus deberes en el palacio.

La presencia del otro hombre la perturbaba aún más. No lo conocía. Era persa, eso era obvio por la ropa que llevaba y por su tipo de piel. También era un hombre con autoridad. Uno al que incluso Mardoqueo mostraba deferencia.

—Hola, Jadasá —dijo Mardoqueo mientras se ponía de pie para saludarla. Siempre la llamaba por su nombre hebreo.

Ester dobló las rodillas e inclinó la cabeza hacia ambos hombres. Una muestra de respeto.

—Me alegro de verte, padre mío —respondió, usando el título honorífico, debido a la persona que lo acompañaba.

—Este es el maestro Jegay —dijo Mardoqueo, señalando al extraño.

Este no se había levantado, ni tampoco había saludado.

—Es... —su primo vaciló un momento antes de terminar—. Es un sirviente del rey.

Ester inclinó la cabeza otra vez en dirección del recién llegado. *Otro siervo del palacio*, pensó. *¿Tal vez trabaje con Mardoqueo? ¿Quizá esté haciendo algún negocio?*

—Bendiciones sobre usted —empezó el saludo acostumbrado, pero sus palabras desfallecieron ante la intensidad de la mirada de Jegay.

La observaba sin rodeos. Desnudándola con la mirada. Primero su rostro, luego el torso y las piernas, después el pecho otra vez. No dijo nada. No le sonreía ni la miraba con lascivia.

Solo la miraba. Y siguió mirando.

Sintiendo la creciente alarma en su joven pupila, Mardoqueo extendió la mano para tomarla.

—Hay noticias del palacio —dijo—. El rey ordenó que se haga una búsqueda para encontrar una sustituta para Vasti. Jegay está a cargo de esa búsqueda.

Vasti, pensó Ester. ¿La antigua reina? Apartó la mirada del extraño lo suficiente como para mirar a Mardoqueo, confundida. Trató de hacerle una pregunta con los ojos: ¿Qué tiene todo eso que ver conmigo?

—Jadasá —el rostro de Mardoqueo era tan amable como siempre, pero ahora estaba serio. Una seriedad que ella casi nunca había visto—. Te eligieron como una de las mujeres que participarán.

Ester siguió mirando a Mardoqueo; mucho mejor que mirar a aquel extraño mientras la examinaba con los ojos.

—¿Participar? —preguntó—. ¿Me escogieron para que ayude a buscar a la nueva reina?

—No, hija mía —Jegay habló por primera vez. Su voz no era fría ni antipática, pero no era afectuosa. No era la clase de voz que Ester estaba acostumbrada a escuchar de los hombres. Se levantó de la silla y continuó hablando—. Te eligieron para que, tal vez, te conviertas en la nueva reina.

Lo que se debe tener

En los últimos años, he observado a una clase de mujeres que ocupan el centro del escenario en muchas posiciones de la sociedad. Estas mujeres parecen ascender con facilidad y sin esfuerzo a través de las filas. Tienen una conciencia instintiva de lo que se necesita para subir la escalera del éxito y, sin vergüenza alguna, aspiran a llegar a la cima.

Cuando encuentras a estas mujeres, enseguida notas su confianza en sí mismas y su seguridad. Les gusta su aspecto, pero no sienten la necesidad de menospreciar a otras mujeres. Confían en sí mismas y dependen de su propia inteligencia, sin subestimar a quienes les rodean. Y casi siempre son tan humildes y tan indiferentes a la malicia que, incluso las mujeres que tienen tendencia a ser celosas, las buscan para que sean sus mejores amigas.

En otra época, hubiéramos dicho que esas mujeres tienen lo que se debe tener.

Ester era esa clase de mujer. Cuando era adolescente, la llevaron a una competencia al estilo de *American Idol* para encontrar a la nueva reina de Persia. O tal vez era más como *Sobrevivientes*. ¿Te imaginas a cientos de mujeres jóvenes juntas durante meses debajo del techo de un palacio, todas disputando, compitiendo y esforzándose por convertirse en parte de la realeza? ¡Me estremezco con solo pensarlo!

Sin embargo, Ester no. Al parecer, sin tratar siquiera, Ester se destacó por encima del resto de las competidoras. Se convirtió en reina del Imperio más poderoso de su época, y es probable que eso sucediera antes de cumplir quince años.

No es de extrañar que el nombre Ester en el idioma persa signifique «estrella».

Uno de los elementos más sorprendentes de la ascensión de Ester es que comenzó desde abajo. No era una princesa mimada que habían arreglado y acicalado desde su juventud. Por el contrario, sus padres murieron cuando todavía era una niña. Era huérfana. No solo eso, sino que era inmigrante. Era una chica judía que vivía en la ciudad capital del Imperio que aplastó a sus antepasados y los tomó cautivos.

En otras palabras, Ester sabía lo que significaba ser diferente. Que la consideraran diferente. Que la miraran como una extraña, alguien que no era del mismo color que la mayoría y que no tenía los mismos valores que la cultura a su alrededor.

Con esas desventajas, ¿cómo triunfó Ester? Bueno, sí tenía tres ventajas que la ayudaron a transformarse de huérfana a estrella. La primera era su primo Mardoqueo, quien la adoptó al morir sus padres. Cuando leemos el libro de Ester, queda claro que Mardoqueo era un hombre de fe. Un hombre de principios. Un hombre que entendía lo que era bueno y lo que era malo, y que tuvo la paciencia y la bondad para enseñarle esos mismos valores a su hija adoptiva.

La segunda ventaja era el atractivo físico de Ester. La Escritura dice que «tenía una figura atractiva y era muy hermosa» (Ester 2:7). Estoy seguro de que esto tenía mucho que ver con las características físicas de Ester: su cabello, sus ojos, sus curvas, etc. Sin embargo, la idea de la atracción siempre es más compleja que solo el tipo de cuerpo. Ester era la clase de mujer que atrae la atención de otros. Si caminaba cerca de ti en la calle, te provocaba mirarla. Había algo «extra» en ella que las personas encontraban atractivo.

Tal vez ese algo extra tuviera que ver con la tercera ventaja de Ester en la vida, que era su habilidad de producir «favor» en otros. Era propensa a ganarse el favor de los demás. El texto dice que «se había ganado la simpatía de todo el que la veía» (v. 15). Hombres y mujeres, jóvenes y viejos, guardianes del palacio o niños de la calle, a las personas les gustaba estar cerca de Ester. Les gustaba su compañía. En vez de producir envidia o conflictos en otros, producía favor.

Eso incluía al rey, cuyo nombre era Asuero: «Al rey le gustó Ester más que todas las demás mujeres, y ella se ganó su aprobación y simpatía más que todas las otras vírgenes. Así que él le ciñó la corona real y la proclamó reina en lugar de Vasti» (v. 17).

He conocido a muchas Ester modernas en los últimos años. Estas mujeres sobresalen en las aulas y, a menudo, llegan muy rápido a ser miembros de la junta directiva. Son médicas y abogadas. Son productoras de programas de televisión, esas personas que logran que las cosas se hagan y mantienen las cosas interesantes día tras día, mes tras mes. Son influyentes, en el mejor sentido de la palabra.

Por fortuna, vivimos en una época donde las Esteres de hoy en día ocupan su lugar en el escenario de la política en números cada vez mayores. En los Estados Unidos, las elecciones de 2018 dieron lugar al Congreso más diverso de la historia, con un número récord de mujeres y de minorías que ocuparon sus puestos. Eso incluyó a muchas mujeres jóvenes, tales como Lauren Underwood de Illinois, Haley Stevens de Michigan y Alexandra Ocasio-Cortez de Nueva York. También vivimos en una época donde diez de las ciudades más grandes de los Estados Unidos las dirigen mujeres, incluyendo a Keisha Lance Bottoms en Atlanta.

A nivel internacional, muchos países hace tiempo que sobrepasaron a los Estados Unidos en términos de representación de las mujeres en el gobierno. Me sentí orgulloso de ver a Ruanda encabezando esa lista, donde las mujeres representan el sesenta y dos por ciento de la legislatura nacional.

No cabe duda de que hay un largo camino por delante en mi propio país y en muchos otros lugares del mundo, pero debemos celebrar el progreso.

Regresemos a las Esteres modernas. Hay un peligro especial que corres cuando todo te sale de la forma que quieres en la vida. Hay una trampa específica en la que puedes caer cuando tienes ese don de producir «favor» en los que conoces.

Ester enfrentó esa trampa, y casi se cierra a su alrededor para destruirla. ¡Casi! Mi esperanza al explorar su historia, eso para no mencionar el mensaje mayor de este libro, es poder ayudar a las exitosas mujeres jóvenes a evitar esa trampa en la actualidad.

La trampa del favor

Por petición de Mardoqueo, Ester no reveló su identidad judía cuando se convirtió en reina. Mantuvo su pasado escondido y se concentró en el presente.

Eso no quiere decir que Ester no estuviera ocupada. Su época de reina empezó cuando el rey realizó un suculento banquete e invitó a todos sus nobles y oficiales. Lo llamaron «el banquete de Ester». Y no dejes que esa palabra te engañe. Un *banquete* en la actualidad es un evento temporal; es una fiesta elegante que, a lo sumo, dura varias horas. Sin embargo, ese no era el caso en el mundo antiguo. Es probable que esta fiesta durara semanas. Y todo era en honor a Ester.

Luego, venía el asunto de la transición de Ester desde el harén al palacio. Necesitaba un ropero nuevo. Zapatos nuevos. Sirvientas nuevas. Empezó a instruirse en todos los deberes oficiales que se esperaban de las reinas en esa época. También empezó a profundizar su relación con su nuevo esposo.

En resumen, la vida era buena para esta nueva «estrella» entre las mujeres de Persia. Cada día era más dulce que el anterior, y su futuro era brillante.

Aun así, Ester no se dio cuenta de que le habían tendido una trampa a su pueblo en la tierra de sus enemigos; una conspiración malvada con un siniestro fundamento y un propósito mortal.

Esa conspiración comenzó con un hombre llamado Amán, que era el segundo al mando en el reino de Asuero. A todo el mundo en la ciudad capital se le había ordenado inclinarse ante Amán cuando pasara, pero una persona se negó a hacer eso: Mardoqueo. Como resultado, Amán decidió vengarse:

Cuando Amán se dio cuenta de que Mardoqueo no se arrodillaba ante él ni le rendía homenaje, se enfureció. Y, cuando le informaron a qué pueblo pertenecía Mardoqueo, desechó la idea de matarlo solo a él y buscó la manera de exterminar a todo el pueblo de Mardoqueo, es decir, a los judíos que vivían por todo el reino de Asuero. (Ester 3:5-6)

Si te parece un poco extremo cometer un genocidio debido a que un hombre no quiera inclinarse ante ti, estoy de acuerdo. Sin embargo, hay algo más en esta historia, una historia más profunda.

El texto describe de manera específica a Amán como un «descendiente de Agag». Eso es importante. Porque cuando miras más atrás en el Antiguo Testamento, encuentras un antiguo conflicto entre los judíos y un grupo de personas llamado los amalecitas. Eran grandes enemigos. Los amalecitas asaltaron y saquearon a los judíos luego del éxodo de Egipto. Mucho después, los ejércitos judíos, bajo el rey Saúl, se vengaron cuando arrasaron con los amalecitas y llevaron cautivo a su rey.

¿Puedes adivinar el nombre de ese rey? Agag, uno de los antepasados de Amán. En I Samuel 15 se cuenta la historia del profeta Samuel cuando dio muerte a Agag en obediencia al mandato de Dios.

Por lo tanto, lo que vemos en la interacción entre Mardoqueo y Amán es un odio generacional. Es la combinación de prejuicios acumulados durante largos años y de un antagonismo enraizado en lo profundo, y todo sucedía alrededor de Ester sin que se diera cuenta siquiera de esto.

Permíteme hacer una pausa un momento y sugerir que la oración es un recurso fundamental para desarmar no solo la clase de odio generacional que vemos en esta historia, sino también el conflicto racial que hemos experimentado en todo el mundo durante los últimos siglos.

Sin importar hacia dónde mires en este planeta, hay personas que durante generaciones las ha definido el odio que sienten hacia otras personas. Se han llevado a cabo guerras debido a la ignorancia y el prejuicio, extendiéndose a veces durante décadas. Naciones y economías se han fortalecido a través del saqueo y la explotación de otras naciones y economías. Incluso, en sociedades como la estadounidense, en la que se anima a las personas de todas las razas a vivir en libertad y respetarse unas a otras, las lesiones y fallas de los fracasos del pasado siguen siendo profundas, y siguen retumbando más a menudo de lo que nos gusta admitir.

Ninguno de estos problemas se puede resolver de la noche a la mañana. El mundo requiere sanidad, y se necesitan generaciones para sanar del daño generacional. No obstante, si quieres ver paz y aprecio mutuo entre todos los pueblos y naciones, como lo hago yo, ignoras el poder sanador de la oración bajo tu propio riesgo.

Con el tiempo... Ester entendió esa verdad. Aun así, necesitó un empujoncito de Mardoqueo antes de llegar allí.

Verás, el complot de Amán no era la trampa que mencioné que le tendieron a Ester. No, lo que enfrentó en ese momento de su historia es lo que llamo la trampa del favor.

Puedes ver una parte de esa trampa cuando Mardoqueo le pidió a Ester que intercediera ante el rey en nombre de su pueblo y ella le responde con renuencia. Con vacilación. «Todos los servidores del rey y el pueblo de las provincias del reino saben que, para cualquier hombre o mujer que, sin ser invitado por el rey, se acerque a él en el patio interior, hay una sola ley: la pena de muerte. La única excepción es que el rey, extendiendo su cetro de oro, le perdone la vida. En cuanto a mí, hace ya treinta días que el rey no me ha pedido presentarme ante él» (4:11).

En esencia, Ester le dijo a Mardoqueo que el rey podía matarla si iba a tocar a su puerta. Ya hacía un mes que Asuero no venía a su cama, y Ester no pensaba que era una buena idea molestarlo. Quizá pudiera intentar algo después cuando estuviera de mejor humor.

Ahora bien, recuerda con quién hablaba Ester. Para ese entonces había estado viviendo en el palacio durante varios meses, pero Mardoqueo había sido un siervo fiel del rey *durante años*. Conocía las regulaciones. Conocía las costumbres. Ya había probado su amor por Ester, y sabía con exactitud lo que ella estaría arriesgando si intercedía delante del rey, y le pidió que lo hiciera de todas maneras. Porque su pueblo estaba desesperado.

La idea principal es que Ester no quería involucrarse. La vida era buena. Estaba cómoda. Había alcanzado la cima del mundo, y cualquier cosa que dijo con respecto a no querer perder la vida, en realidad significaba que estaba mucho más preocupada por perder su posición. Su favor. Su bendición.

Esa es la trampa del favor, y puede ser mortal para cualquier persona que ha sido lo bastante afortunada para alcanzar el éxito. ¿Por qué? Porque cuando todo marcha bien en tu vida, siempre existirá la tentación de querer mantener la comodidad por encima de cumplir nuestro propósito.

Esta trampa es mortal en especial para las mujeres en la actualidad, para las Esteres modernas. Hazme caso: no siempre tendrás lo que se debe tener. Tarde o temprano pasarás por pruebas, así como a Ester la probaron con la petición de Mardoqueo. Tarde o temprano el atractivo, la confianza y el favor no serán suficientes para librarte.

Si tu carrera te ha conducido al pináculo de tu campo, habrá un momento de prueba cuando te verás obligada a poner tu oficina de la esquina y tu escritorio de caoba a un lado. Tendrás que escoger entre lo que has logrado y lo que sabes que es bueno.

Si estás en una temporada de bendiciones relacionales, encontraste al compañero adecuado que te hace cumplidos y que te complementa en formas que nunca creíste posible, vendrá un momento de prueba. Tendrás que escoger si tu relación con Dios o tu relación con ese compañero ocupará el primer lugar en tu corazón.

Si tus finanzas han alcanzado un nivel de abundancia que nunca soñaste posible, habrá un momento de prueba cuando Dios extienda su mano para probar tu corazón. El propio Jesús dijo que no podemos servir a dos señores; tenemos que escoger entre Dios y el dinero. Así que puedes estar segura de que, en algún momento, te pondrá a escoger.

En resumen, si has subido escaleras y saltado cercas, y si has vivido en el favor de la bendición de

Dios, ese es un regalo maravilloso. No es nada de qué avergonzarse. Sin embargo, viene una prueba. Hay una evaluación en el camino.

Y si de todo lo que puedes depender en ese momento es de tu propia habilidad y de tu propio encanto y atractivo natural, reprobarás. Necesitas algo más.

De manera específica, necesitas la oración.

Un golpe doble

Cuando Mardoqueo escuchó la forma en que Ester vacilaba con respecto a defender a su pueblo, sabía lo que sucedía. Entendió la prueba que enfrentaba, y entendió el peligro que representaba, tanto para los judíos como para Ester en lo personal.

Por lo tanto, le dio el empujoncito que necesitaba:

> Cuando Mardoqueo se enteró de lo que había dicho Ester, mandó a decirle: «No te imagines que por estar en la casa del rey serás la única que escape con vida de entre todos los judíos. Si ahora te quedas absolutamente callada, de otra parte vendrán el alivio y la liberación para los judíos, pero tú y la familia de tu padre perecerán. ¡Quién sabe si no has llegado al trono precisamente para un momento como este!». (4:12-14)

Este es un principio que tenemos que entender en el mundo actual: cuando Dios abre las ventanas de los cielos y derrama una bendición sobre ti, siempre hay un motivo. Dios te ama y desea de veras tu felicidad, pero siempre hay más involucrado en su bendición que llenar tu cuenta de banco o hacerte famosa en las redes sociales.

Lo que Mardoqueo quería que Ester viera es que las bendiciones dadas por Dios incluyen la responsabilidad asignada por Dios. Él tiene un propósito en mente. Te ha dado algo para que lo puedas usar para su gloria, no para la tuya.

En otras palabras, Dios te ha bendecido para que puedas ser una bendición. Se te ha extendido el favor para que puedas reflejar ese mismo favor en los demás.

Por fortuna para Ester, la sabiduría de Mardoqueo la ayudó a encontrar la dirección adecuada:

Ester le envió a Mardoqueo esta respuesta: «Ve y reúne a todos los judíos que están en Susa, para que ayunen por mí. Durante tres días no coman ni beban, ni de día ni de noche. Yo, por mi parte, ayunaré con mis doncellas al igual que ustedes. Cuando cumpla con esto, me presentaré ante el rey, por más que vaya en contra de la ley. ¡Y, si perezco, que perezca!». (4:15-16)

Me encanta el plan de Ester, pues representa un golpe doble a los enemigos de su pueblo, y no solo me refiero a Amán y sus matones, sino también a su enemigo espiritual, Satanás.

El primer golpe fue la oración. Ese es el *jab*, o directo de izquierda, en nuestra guerra espiritual. Mantiene al enemigo a raya. Su segundo golpe fue el ayuno. Ese es el gancho de derecha, el nocaut que tiene la potencia del Espíritu Santo.

Sé que muchas personas se sienten incómodas con la idea del ayuno. Muchas otras están confundidas acerca de qué es y por qué deben hacerlo. Se han escrito numerosos libros acerca de este tema, pero solo permíteme señalar que el ayuno es abstenerte de manera temporal de algo físico a fin de poder concentrarte en lo espiritual. Es quitar algo de tu vida durante un tiempo con el objetivo de lograr un enfoque extra y un énfasis extra en lo que es eterno.

A lo largo de la historia, el ayuno se ha relacionado más con la comida. La idea es suspender el alimento físico durante un período predeterminado, que puede ir desde una comida hasta cuarenta días, de modo que puedas recibir una porción mayor de alimento espiritual. El ayuno va de la mano con la oración debido a la forma en que trabajan nuestros cuerpos.

Por supuesto, estamos acostumbrados a comer con regularidad. Así que cuando voluntariamente dejamos de comer, a nuestros cuerpos les cuesta trabajo adaptarse. Nos envían pequeños recordatorios, tanto mentales como físicos. Te empieza a sonar la barriga, y luego sientes esa alarma mental en tu cerebro que dice: *¡Hora de comer!* Sin embargo, en lugar de comer, solo usas esas sensaciones físicas y mentales como recordatorios para orar.

Fíjate también que Ester no se embarcó en esta batalla sola. Reclutó a toda una nación para que se le uniera en ayuno y oración.

A menudo me pregunto por qué tantos cristianos en la iglesia actual creen que la oración es un deporte que se juega solo. ¿Por qué muchos de nosotros creemos que podemos ir solos cuando nos enfrentamos en una batalla contra el enemigo? ¿Te ves a ti misma como una clase de obús espiritual que puede segar demonios y hacer temblar las puertas del infierno a través de tu propio poder e intensidad en la oración?

¡No! La oración trabaja mejor en comunidad. La batalla es más eficaz cuando tienes un ejército a tus espaldas. Así que, cuando llegue la hora de arremangarte la camisa y luchar del lado del bien a través de la oración, primero agarra el teléfono y llama a tu familia. Llama a tus amigos. Llama a tus vecinos. Llama a tu iglesia. Llama a tu grupo pequeño, o a tu grupo de apoyo, o cualquiera que sea el nombre que le den a los grupos en tu iglesia.

Únete a otros en ayuno y oración, como lo hizo Ester. Y luego prepárate para ver el poder de Dios en acción, así como lo vio Ester.

Al final, la reina sí se paró delante del rey después de tres días de ayuno y oración, y una vez más recibió favor. No tengo espacio en estas páginas para ver los detalles del inteligente plan de Ester para exponer la traición de Amán, pero es suficiente mencionar que dio resultado. No solo eso, Amán finalmente fue colgado en la misma horca que había preparado para su enemigo, Mardoqueo.

Se hizo justicia.

Hijas de justicia

El libro de Ester podría haber sido una historia muy diferente. Si Ester hubiera decidido quedarse al margen y esperar lo mejor en nombre de su pueblo, habría sido una joven más que ganó un programa de telerrealidad y vivió el resto de sus días en un capullo de ignorancia y riqueza. Tal vez el de *Esposas Reales de Persia*.

Por fortuna, Ester tomó la decisión adecuada. Entró a la pelea con ambos puños. Y marcó una diferencia no solo en su pueblo, sino en la historia.

Así pues, la historia de Ester trata, en última instancia, de la justicia. De levantarse en contra de la injusticia. Se trata de oponerse al odio, a los prejuicios y a los profundos antagonismos de nuestro pasado.

En este sentido, la historia de Ester me recuerda otra historia del Antiguo Testamento, una que es tanto similar como diferente en muchos aspectos. Me gustaría terminar este capítulo explorando rápidamente una historia que a menudo se pasa por alto, la de las hijas de Zelofejad.

Cuando los israelitas estaban prácticamente listos para entrar a la Tierra Prometida después de haber vagado por el desierto durante cuarenta años, Dios dio órdenes a través de Moisés para describir qué regiones se asignarían a las tribus de Israel para construir sus nuevas casas. A cada una de las doce tribus se les dio una porción diferente de tierra, y luego se les dio a las diferentes familias dentro de esa tribu una sección de esa porción.

Un hombre llamado Zelofejad murió mientras los israelitas vagaban por el desierto. Tenía muchas hijas, pero ningún hijo ni otros herederos varones. En la antigüedad, las hijas mujeres no heredaban tierras ni propiedades de sus padres. Solo se les daba a los hijos. Por lo tanto, la tradición dictaba que la tierra que le hubiera correspondido a él se le asignara a otra familia en su lugar.

Como es comprensible, las hijas de Zelofejad se sentían frustradas por este arreglo. Según la costumbre de su época, la única forma en que cada hija podía obtener algo era encontrando un esposo. Dependían por completo de los hombres para asegurar su futuro.

Increíblemente, estas mujeres en particular no solo rechazaron el *statu quo*, sino que llevaron su caso delante de Dios. Sus nombres eran Majlá, Noa, Joglá, Milca y Tirsá. Con gran valor y determinación, se acercaron «a la entrada de la Tienda de reunión, para hablar con Moisés y el sacerdote Eleazar, y con los jefes de toda la comunidad. Les dijeron: "Nuestro padre murió sin dejar hijos, pero no por haber participado en la rebelión de Coré contra el SEÑOR. Murió en el desierto por su propio pecado. ¿Será borrado de su clan el nombre de nuestro padre por el solo hecho de no haber dejado hijos varones? Nosotras somos sus hijas. ¡Danos una heredad entre los parientes de nuestro padre!"» (Números 27:2-4).

¡Me encanta la valentía de estas mujeres! Admiro su coraje. Se pararon delante de Moisés, quizá el mayor líder en la historia del mundo aparte del propio Jesús. Se pararon delante de todo el conjunto de autoridades y funcionarios de su comunidad. *¡Y presentaron sus demandas!* «¡Danos una heredad entre los parientes de nuestro padre!».

Cuando Moisés fue delante de Dios a interceder por estas hijas, por estas mujeres, recibió una respuesta. «Lo que piden las hijas de Zelofejad es algo justo, así que debes darles una propiedad entre los parientes de su padre. Traspásales a ellas la heredad de su padre» (versículo 7).

No solo eso, sino que Dios le ordenó a Moisés que cambiara las leyes entre los israelitas, a fin de que cualquier otra mujer que se encontrara en la misma posición de las hijas de Zelofejad, recibiera una propiedad. Este fue un momento trascendental para las mujeres de la antigüedad. Esto fue el equivalente de un caso del Tribunal Supremo que cambió el sistema legal de forma que creó nuevas oportunidades para las mujeres en su comunidad y más allá.

En resumen, Majlá, Noa, Joglá, Milca y Tirsá se levantaron contra la injusticia. Defendieron con valor y propósito lo que creían que era apropiado, y recibieron vindicación. Lo que es mejor, los efectos de esa vindicación trajeron un nuevo rayo de luz en un mundo oscuro y peligroso, una ola de igualdad que se esparció a muchos países.

Necesitamos más mujeres como las hijas de Zelofejad en el mundo actual. Necesitamos más Esteres. Necesitamos más mujeres que estén dispuestas a levantarse por lo que creen no solo con palabras, sino con acción.

Necesitamos mujeres que digan: «¡Suficiente!», cuando las drogas y el alcohol arrasen con sus comunidades. Necesitamos mujeres que se paren delante de alcaldes, concejales y ayuntamientos, y demanden un fin a la injusticia. Necesitamos mujeres que se conviertan en alcaldes, en concejales, en miembros del ayuntamiento, gobernantes, senadoras y, sí, necesitamos mujeres dispuestas a asumir la carga de la presidencia y servir a su país como lo hizo Ester.

Necesitamos mujeres fuertes en este mundo; pero por favor, escúchame cuando otra vez digo que con solo la fuerza no será suficiente. La tenacidad sola no empujará la oscuridad y traerá luz a un pueblo desesperado. La pasión sola no terminará con las tiranías y las injusticias.

El mundo necesita mujeres que sean portadoras de la fuerza de Dios, de la tenacidad de Dios y de la pasión de Dios.

Porque cuando las mujeres oran, obtienen la victoria sobre la injusticia.

CAPÍTULO 8

Rode

*Cuando las mujeres oran, las personas
se liberan del cautiverio.*

Cuando Rode regresó a la habitación principal de
la casa de su amo, escuchó otra vez el murmullo
de muchas voces. Más de una docena de personas lle-
naban la habitación, algunas arrodilladas en el piso y
otras reunidas en grupos de tres o cuatro. Rode podía
sentir la tensión en el ambiente, una pesadez que le
oprimía el espíritu.

Estamos luchando, pensó. *¿Y si perdemos?*

A medida que caminaba con suavidad, escuchaba
fragmentos de oraciones susurradas mientras ponía
la comida y la bebida en la mesa pequeña en el centro

del espacio: «Señor Jesús, te alabamos. Señor Jesús, buscamos tu rostro». «Ata la obra de Satanás en Jerusalén. En el nombre de Jesús atamos la obra de Satanás en la prisión. En el nombre de Jesús atamos la obra de Satanás en la casa de Herodes». «Tu Espíritu Santo está ahora con Pedro. Por favor, envía a tus ángeles, Señor Jesús, para liberar a tu siervo de las cadenas».

Algunos de los invitados miraban a Rode mientras les ponía una copa cerca o recogía un pedazo de pan. Asentían o sonreían, en gestos rápidos. La mayoría solo continuaba orando.

Al volver a la cocina con una carga de basura y tazas vacías, Rode recordó cómo Pedro había estado en la sala principal de la casa solo unos días antes. Siempre impactante, Pedro caminaba sin cesar entre los hermanos y hermanas reunidos allí, su voz resonaba con palabras de aliento. Recordaba la forma en que les ponía las manos en los hombros a los hombres que estaban allí mientras hablaba. La forma en que siempre parecía estar sonriendo.

Tomó mi mano entre las suyas y pronunció una bendición sobre mí, pensó. *Sus manos eran tan toscas y callosas, no como las de mi amo. Pero sus palabras eran gentiles y amables.*

Detestaba pensar que ese hombre bueno y humilde ahora estuviera encerrado en una prisión romana. Con guardias a su alrededor. Encadenados a él. Sin embargo, hasta esa imagen palidecía en comparación con lo que podía pasar mañana, una vez que los magistrados tomaran la decisión. *Ya asesinaron a Jacobo*, pensó. *¿Qué pasará con nosotros si Pedro es el próximo?*

Su trabajo terminó por el momento. Rode regresó a la habitación principal y se arrodilló fuera del círculo de visitantes. Cerró los ojos y trató de dejar que sus pensamientos se disiparan. «Señor Jesús, ten misericordia de mí, una pecadora», susurró. «Señor Jesús, ten misericordia de mí, una pecadora».

Sus oídos escucharon un sonido nuevo, y alzó la mirada con sorpresa. *¿Eso fue un toque?* No...

«Señor Jesús, ten misericordia...». Apenas había empezado a orar de nuevo cuando escuchó el toque otra vez. Sí, esta vez estaba segura de que alguien tocaba a la puerta. La pesada puerta amortiguaba un poco el ruido, pero había abierto esa puerta cientos de veces durante las últimas semanas. Conocía el sonido.

Su primera reacción fue una rápida punzada de miedo. *¡Herodes envió guardias!*, pensó. *¡Vinieron por el resto de nosotros!* Pero no. Eso no era posible. *Los soldados no tocan a la puerta*, se recordó a sí misma. *Los soldados la echan abajo.*

Se puso de pie y, con el corazón todavía latiéndole fuerte, caminó hasta la puerta mientras escuchaba el toque por tercera vez.

¿Quién podría ser?

Personas comunes

Quiero hablarte sobre esta mujer llamada Rode, pues es posible que nunca hayas oído hablar de ella. Sin embargo, primero necesito explicar lo que sucedía en Hechos 12, que es donde la encontramos en las Escrituras.

Los primeros días de la iglesia fueron turbulentos en muchos sentidos. Después de los eventos que rodearon la crucifixión, los líderes religiosos en Jerusalén creían que habían resuelto su «problema de Jesús». *Acabamos con el pastor,* razonaban, *y de seguro que las ovejas se dispersarán.*

Eso no sucedió. Por el contrario, las ovejas, los primeros seguidores de Jesús, empezaron a decirle a todo el que quería escuchar que Jesús estaba vivo. Se levantó de los muertos. Luego, las ovejas comenzaron a hacer milagros. Los mismos tipos de milagros que realizó el propio Jesús. De repente, había cada vez más ovejas en cualquier parte donde mirabas. A veces se añadían miles de personas a la iglesia en un solo día. El movimiento crecía de manera exponencial.

Al principio, los líderes religiosos en Jerusalén trataron de responder con cautela. En Hechos 4, por ejemplo, arrestaron a Pedro y a Juan por predicar de Jesús, pero les hicieron una advertencia. Los miembros del Consejo les ordenaron de manera terminante a Pedro y a Juan «que dejaran de hablar y enseñar acerca del nombre de Jesús» (v. 18). Esto fue un tirón de orejas. Trataban de ser amables.

Para crédito de Pedro y Juan, no le siguieron el juego. «Pero Pedro y Juan replicaron: "¿Es justo delante de Dios obedecerlos a ustedes en vez de obedecerlo a él? ¡Júzguenlo ustedes mismos! Nosotros no podemos dejar de hablar de lo que hemos visto y oído"» (vv. 19-20).

Más adelante, cuando la iglesia continuó creciendo, los líderes religiosos en Jerusalén actuaron en serio. Arrestaron a más de estos «cristianos», seguidores del camino. Encerraron a familias completas en la cárcel y las dejaron allí. Luego, como describe Hechos 7, arrestaron a un joven llamado Esteban y lo culparon de hablar blasfemias contra Dios. En vez de meterlo en la cárcel, lo apedrearon hasta la muerte. Ya basta de portarse amables. Era hora de cortar de raíz ese movimiento.

La Escritura dice: «Aquel día se desató una gran persecución contra la iglesia en Jerusalén, y todos, excepto los apóstoles, se dispersaron por las regiones de Judea y Samaria» (Hechos 8:1). Resulta irónico que esta persecución en realidad impulsó la expansión de la iglesia a un nivel nuevo por completo. Cuando la gente huyó de Jerusalén para escapar de la ira de los líderes judíos, se llevaron el evangelio consigo. Y el movimiento siguió extendiéndose.

Durante esa misma época, un hombre llamado Saulo «causaba estragos en la iglesia: entrando de casa en casa, arrastraba a hombres y mujeres y los metía en la cárcel» (8:3). Este Saulo se convirtió más tarde en Pablo. Después de su propio encuentro con el Cristo resucitado, Pablo se transformó en el mayor misionero que este mundo ha conocido jamás.

En Hechos 12 vemos al rey Herodes involucrarse en la persecución de los cristianos. Llevaba la autoridad de Roma en el bolsillo, lo que lo convirtió en un enemigo peligroso. Herodes ordenó el arresto y la ejecución de Jacobo, el hermano del apóstol Juan y uno de los «hijos del trueno». Cuando vio lo felices que se pusieron con esta decisión los líderes religiosos en Jerusalén, también ordenó arrestar a Pedro.

Ahí es donde entra en escena Rode. Después del arresto de Pedro, los líderes de la iglesia en Jerusalén se reunieron juntos para orar. Permanecieron juntos durante horas, derramando sus corazones delante de Dios y pidiendo que Él librara la vida de Pedro. Rode estaba dentro de esa casa, pero no era uno de los líderes. No era una de las personas ricas que celebraban los servicios de la iglesia en su casa. Ni siquiera estaba casada con uno de los líderes de la iglesia.

No, Rode era una criada. Era parte del personal. Una empleada. El texto solo la describe como «una criada llamada Rode».

Una de las cosas que más me gusta de la Biblia es la forma en que, de modo coherente y sin vergüenza alguna, eleva el estatus de la gente común. Rode era una sirvienta y, no obstante, formó parte de un milagro, como veremos más adelante. Casi todos los discípulos de Jesús eran pescadores, lo que significa que, en su mayoría, no tenían una educación formal. No eran lo bastante buenos en la escuela hebrea como para convertirse en escribas o rabíes.

Josué era soldado. Rajab era prostituta y Rut recogía comida de los campos de otras personas después de la cosecha, lo que significa que era, prácticamente, una mendiga. No obstante, la Escritura registra a estas dos mujeres como antepasados de Jesús. David empezó como pastor. Eliseo era campesino antes de tomar el manto de Elías. José era carpintero. A uno de los discípulos de Jesús le llamaban «Simón el Zelote», lo que significa que era un agitador; en la actualidad, lo llamaríamos terrorista.

Incluso Pedro es un gran ejemplo. Era otro pescador, y la clase de persona que parecía que siempre estaba metiendo la pata. Era rudo. Maldecía. Se jactaba y trataba de verse mejor que los demás. Una vez le fue tan mal con Jesús que Él tuvo que reprenderlo diciendo: «¡Aléjate de mí, Satanás!» (Marcos 8:33).

A pesar de todo eso, Pedro fue *el rostro* de la iglesia primitiva. Reconocemos a Pablo como un gran hombre ahora porque escribió una gran parte del Nuevo Testamento, pero no siempre nos damos cuenta de que Pedro era el que estaba al frente incluso antes de que la iglesia fuera siquiera iglesia. Pedro fue el que predicó el sermón el Día de Pentecostés. Pedro fue el que caminó por las calles haciendo milagros y causando problemas hasta el punto de que lo arrestaran, todo en el nombre de Jesús y para su gloria.

Dios ama a las personas comunes; la clase de personas que casi siempre están tras bambalinas en la sociedad. Personas como Rode. Dios no solo ama a esas personas, sino que también entiende su valor. Él entiende su naturaleza única y sus contribuciones singulares a este mundo.

Si la Biblia se escribiera hoy, estaría llena de choferes de Uber y de maestras de preescolar. Leeríamos versículos acerca de plomeros que realizan milagros y de guardianes que echan fuera demonios. El Espíritu Santo revelaría el evangelio a través de los dedos y los labios de inmigrantes y dependientes de supermercado, de camareros y obreros.

Porque Dios entiende el valor de las personas comunes. Personas como Rode.

Un poder extraordinario

Si lo llevamos aún más allá, la Biblia no solo eleva el valor de las personas comunes, sino que resalta con exactitud lo que puede suceder cuando las personas comunes oran, personas como Rode y los que estaban con ella cuando Pedro estaba en la cárcel.

Porque cuando las personas comunes oran, tienen acceso a un poder extraordinario.

Mira lo que dice el texto: «La misma noche en que Herodes estaba a punto de sacar a Pedro para someterlo a juicio, este dormía entre dos soldados, sujeto con dos cadenas. Unos guardias vigilaban la entrada de la cárcel» (Hechos 12:6).

Ahora bien, esa es una situación seria. Pedro no solo estaba en la celda de una cárcel, sino que había dos soldados allí con él. Y los soldados no solo estaban con Pedro, sino que lo tenían rodeado. Tenía que dormir entre ellos; ni siquiera podía irse a un rincón para tener un poco de privacidad. Y Pedro no solo tenía que dormir entre dos soldados, sino que estaba sujeto con cadenas; y es probable que esas cadenas estuvieran conectadas a esos mismos soldados. Y Pedro no solo estaba encadenado a los soldados que lo rodeaban en la celda de la cárcel, sino que había otros dos soldados afuera de la celda velando en caso de que, de alguna manera, Pedro lograra zafarse de las cadenas e intentara salir.

¿Sabes cómo llamo a esa clase de situación? Cautiverio. Pedro estaba en cautiverio.

Siempre que pienso en las prisiones o las cárceles, me vienen a la mente los vívidos recuerdos de mi experiencia en el castillo de Elmina en Ghana. Si no conoces ese nombre, es el lugar donde tenían a los esclavos en celdas antes de traerlos a Estados Unidos o a otros puertos alrededor del mundo.

Puedo recordar cuando puse mis propios dedos en las ranuras y en los arañazos que hay en el interior de las paredes del castillo. Esas ranuras las hicieron los esclavos tratando de rajar las piedras con las uñas en su desesperación por escapar; en su desesperación por ser libres. También recuerdo el edificio que estaba justo al frente del castillo, donde los dueños de los esclavos se reunían para la iglesia cada semana. Adoraban a Dios incluso cuando hacían planes para encadenar a su pueblo, separar a las familias y vender lo que el mismo Dios compró mediante el sacrificio de su Hijo.

Lo que aprendí allí en el castillo es que la oración por libertad casi siempre nace de la adversidad. Nace del terror. Muchas veces nuestras oraciones comienzan donde termina la medicina.

Por supuesto, el cautiverio todavía es un hecho en la vida actual, incluyendo el cautiverio físico. Todavía hay seguidores de Jesús en todo el mundo que se levantan y se acuestan en una celda de concreto. Algunos de ellos están encarcelados por su fe en Cristo; la persecución religiosa continúa siendo una realidad. Otros están encarcelados como consecuencia de sus malas elecciones. No obstante, otros están encarcelados debido a que los sistemas corruptos crean personas corruptas, y debido a que la injusticia crea opresión.

Entre 1980 y 2015, en los Estados Unidos de América, mi país, el número de personas encarceladas se incrementó de 500 000 a más de 2,2 millones. Una gran mayoría de esos prisioneros han sido hombres afroamericanos. Es más, a los hombres negros los encarcelan cinco veces más frecuentemente que los hombres blancos; de manera similar, las mujeres negras tienen el doble de posibilidades de ser encarceladas en comparación a las mujeres blancas[1].

Los efectos de este desequilibrio en mi comunidad no se pueden sobreestimar. Generaciones de niños negros han crecido sin padres, pues sus padres están encerrados. Y cuando les devuelven la libertad a los hombres negros, les resulta casi imposible encontrar buenos empleos debido a la mancha de haber estado en prisión. Las familias están sufriendo, y muchos en nuestra comunidad desconfían de las mismas autoridades que están encargadas de nuestra protección.

Eso es cautiverio. Ese es un sistema de cautiverio.

No obstante, la realidad del cautiverio va mucho más allá de los tribunales y las cárceles. Existen más rejas en este mundo que las rejas de las prisiones.

Existe el cautiverio relacional, por ejemplo, donde las propias paredes de tu casa se sienten como paredes de una prisión. Vives con temor de lo que pueda suceder si tu esposo se enoja o si algo dispara un arranque de ira. No te sientes segura. No te sientes protegida. Sin embargo, no ves ninguna manera de salir ilesa de eso.

Existe el cautiverio financiero, donde tu falta de recursos es como una cadena que te ata al suelo. Tienes sueños e ilusiones. Tienes ambiciones. Quieres extender tus alas y volar, pero no puedes porque no tienes recursos para lanzarte. Estás atascada. Atada por todo lo que te falta.

También existe el cautiverio de la dependencia. La adicción es un grillete serio, sin importar cuál sea la fuente de esa adicción. Las drogas. El alcohol. La pornografía. La codependencia relacional. A menudo nuestro propio cuerpo se vuelve contra nosotros al punto que parece que hemos perdido incluso nuestra habilidad para escoger.

Déjame preguntarte, entonces, ¿en qué formas estás viviendo en cautiverio en la actualidad? Cuando te acuestas a dormir cada noche, ¿quiénes son los soldados que te rodean? ¿Cuándo sentiste por primera vez el frío roce de las cadenas en las muñecas, y de qué estaban hechas esas cadenas?

Aquí tienes un principio que espero que escuches y entiendas: si te sientes derribada y encadenada, y estás empezando a perder toda esperanza de libertad, este es un tiempo para orar, porque las oraciones ordinarias tienen el poder extraordinario de liberarte de tu cautiverio.

Eso fue lo que experimentó Pedro. De acuerdo al texto: «De repente apareció un ángel del Señor y una luz resplandeció en la celda. Despertó a Pedro con unas palmadas en el costado y le dijo: "¡Date prisa, levántate!". Las cadenas cayeron de las manos de Pedro» (Hechos 12:7). El ángel condujo a Pedro más allá de los guardias de afuera y lo llevó al aire libre, abriendo puertas y removiendo los seguros cuando era necesario.

Lo gracioso de toda esta situación es que Pedro no tenía idea de que era real. El texto dice: «Le parecía que se trataba de una visión» (v. 9). Esa es una forma bonita de decir que Pedro pensaba que todo era un sueño, una fantasía agradable mientras que, en realidad, todavía estaba durmiendo entre los soldados. Cuando por fin se dio cuenta de que, en efecto, lo habían rescatado, Pedro dijo: «Ahora estoy completamente seguro de que el Señor ha enviado a su ángel para librarme del poder de Herodes y de todo lo que el pueblo judío esperaba» (v. 11).

Eso es libertad. Y esa es la clase de poder extraordinario al que podemos acceder como comunidad cuando las personas comunes oran.

Abre la puerta

Hay una dinámica interesante que quiero resaltar acerca de la forma en que todo esto se desarrolló. En específico, hay dos lugares presentes, dos escenarios en la historia.

Primero estaba la casa donde los diferentes líderes de la iglesia se reunieron para orar por Pedro. La casa donde Rode era una criada. ¿Puedes imaginarlos mientras oran? Hombres y mujeres de diferentes edades, todos clamando juntos a favor de Pedro. Imagínate cómo tiene que haberse escuchado. Imagínate la energía espiritual que había en esa habitación, la sinceridad y la expectativa.

En segundo lugar estaba la cárcel al otro lado del pueblo. Esa donde habían encadenado a Pedro y lo habían encerrado... de momento.

Lo que quiero que veas es que, mientras el grupo en esa casa oraba en una parte de la ciudad, Dios estaba, *de manera simultánea*, obrando en la cárcel al otro lado del pueblo. Sabemos que Dios estaba obrando de alguna manera, pues el texto dice: «Pedro dormía entre dos soldados» (v. 6). La única forma en que puedes dormir cuando estás hacinado entre dos soldados y esperas que te maten a la mañana siguiente es cuando Dios está contigo y te da su paz. Su consuelo. Su don sobrenatural del descanso.

Lo que es más, a medida que las personas en la casa continuaban orando, estoy seguro que con gran fervor y gran fe, Dios envió a su ángel para sacar a Pedro de la cárcel. Mientras las personas estaban todavía inmersas en sus oraciones, Dios ya había obrado para responderles con poder sobrenatural.

Esto es lo que quiero decir: cuando decides acudir a Dios en oración, hay un momento al inicio de ese proceso en el que necesitas confiar en que Él está en el asunto, incluso si no ves ninguna evidencia de una respuesta. Quizá de manera especial cuando no veas ninguna evidencia de una respuesta.

Recuerdo cuando viajé a Charlotte a visitar a mi madre, que estaba en el hospital. Iba de camino a verla cuando alguien me reconoció en el vestíbulo. «¡Obispo Jakes!», dijo. «¡Lo he visto en televisión! Esto tiene que ser una señal de Dios. Mi mamá tiene muerte cerebral; no puede levantarse ni hablar. Los médicos dicen que no hay esperanza. ¿Podría venir a orar por ella?».

Lo que quería decir en ese momento era algo como esto: «Le pediré a alguien que le envíe una grabación para que la ponga allí, pero ahora mismo estoy camino a ver a mi propia mamá».

Lo que en realidad dije fue: «¿Dónde está?».

Y, a pesar de que no lo sentía, a pesar de que no me entusiasmaba la idea, seguí a la mujer por el pasillo y oré por su mamá. Y mientras oraba, sentí la presencia de Dios en esa habitación. No hubo ninguna evidencia por parte de la mamá; no me apretó la mano ni gimió ni hizo ningún sonido. Sin embargo, yo era consciente de la presencia del Espíritu de Dios.

Cuando terminó la oración, salí y fui a ver a mi mamá. Nunca esperé ver otra vez a esa mujer, pero alrededor de un año después estaba dirigiendo una de nuestras reuniones de *Woman Thou Art Loosed* [Mujer, eres libre] en la misma ciudad, y allí entró por la puerta. Usaba un bastón, pero caminaba. Y me dijo: «Pastor Jakes, es probable que no recuerde, pero mi hija dice que usted oró por mí. Y a la mañana siguiente desperté de ese coma, y los médicos dijeron que era un milagro».

Lo que aprendí en ese momento es que nunca sabes lo que Dios hará en respuesta a las oraciones de su pueblo. Hay un poder extraordinario cuando las personas comunes oran, personas como tú y como yo.

Sé que hay ocasiones en las que sientes que tus oraciones no son eficaces. Sé que hay momentos en los que sientes que todo lo que dices, todo lo que oras, rebota contra el techo y cae de regreso a tus pies.

Lo que necesito que entiendas es que Dios va a hacer algo. Incluso cuando no puedes ver lo que está sucediendo, Dios va a hacer algo. Incluso cuando no puedes sentir su presencia o su poder, Dios va a hacer algo. Incluso cuando has estado orando durante meses, años o incluso décadas y nada ha sucedido, y estás empantanada en la duda y la desesperación, ese es un momento para confiar en Él y seguir orando, porque Dios va a hacer algo.

Pedro descubrió lo que tramaba Dios. Rode también. Estaba con todos los líderes de la iglesia, orando para que Dios hiciera un milagro. Y aunque Dios hizo ese milagro, no envió un memorando a esa habitación. No les dio una actualización del estatus donde dijo: «Atención, sus oraciones se están respondiendo, esperen, por favor».

No, lo que sucedió es que Rode escuchó un toque a la puerta.

El texto dice: «Llamó a la puerta de la calle, y salió a responder una criada llamada Rode. Al reconocer la voz de Pedro, se puso tan contenta que volvió corriendo sin abrir. "¡Pedro está a la puerta!", exclamó» (Hechos 12:13-14).

No fue el dueño de la casa el que escuchó la evidencia de la respuesta de Dios a sus oraciones. No fue ninguno de los líderes de la iglesia que estaba arrodillado y clamando. No, fue Rode la que escuchó el toque, y fue Rode la que fue a contestar.

Sin embargo, solo una cosa: se olvidó de abrir la puerta.

Esto puede parecer extraño, pero lo cierto es que a veces al diablo no le interesa cuando los cristianos hacemos lo que hacemos. No le interesa cuando los predicadores predican acerca de la transformación, la restauración, la sanidad y todo eso. No se preocupa cuando nos reunimos y cantamos nuestras canciones, danzamos en los pasillos o incluso cuando oramos en lenguas. No tiene miedo de nuestros grupos pequeños, de nuestras clases de escuela dominical ni de nuestros proyectos de servicio.

En resumen, Satanás no tiene problemas con que la gente de la iglesia haga las cosas de la iglesia... siempre y cuando no abramos la puerta.

¿Qué quiero decir con esto? Quiero decir que es común que el pueblo de Dios esté absorto en los rituales y en las formas que lo hacen parecer pueblo de Dios sin asirse del poder de Dios en realidad. Y eso es a lo que le teme el diablo: el poder de Dios obrando en nuestras vidas. El poder de Dios actuando en el mundo.

Rode escuchó el toque de Pedro y reconoció la voz de Pedro. Aun así, se le olvidó abrir la puerta.

Hay un momento en la práctica de la oración cuando necesitamos reconocer lo que Dios está haciendo a nuestros alrededor. Necesitamos escuchar el toque a la puerta. Cuando llega ese momento, tenemos que cambiar de marcha. Tenemos que quitarnos la ropa de luto, ponerle fin a nuestro llanto y a sentir lástima por nosotros mismos, ¡porque eso por lo que hemos estado orando está parado a la puerta!

En algún momento, tus oraciones lograrán todo para lo que se diseñaron y será hora de que actúes. ¿Recuerdas cuando Jesús sanó al paralítico después que sus amigos lo bajaron a través de un hueco en el techo? Jesús le dijo que sus pecados quedaban perdonados. Sin embargo, después Jesús dijo: «A ti te digo, levántate, toma tu camilla y vete a tu casa» (Lucas 5:24).

Así como sucedió con los amigos de ese hombre, Rode *tuvo* la fe necesaria para orar por la liberación de Pedro. Tuvo fe para creer que Dios *podía* hacer algo grande, y estaba lo bastante alerta como para escuchar el toque una vez que Dios *hizo* algo grande. Tuvo la fe para levantarse y caminar hasta la puerta. Tuvo la fe suficiente para comprobar la provisión que le habían enviado; reconoció la voz de Pedro. Incluso, tuvo la fe suficiente para resistir a los otros en la casa cuando le dijeron que estaba loca o que tenía que haberse encontrado con el fantasma de Pedro.

Aun así, se le olvidó abrir la puerta.

Quiero ver a una nueva generación de mujeres que se levanta en el mismo espíritu de Rode; mujeres comunes que posean la fe de Rode. No obstante, igual de importante, le estoy informando a Satanás que esta nueva generación no se detendrá en la puerta, como hizo Rode. No, esta nueva generación de mujeres que oran abrirá la puerta del poder extraordinario de Dios. Y si la puerta se atasca un poco, ¡esta nueva generación de mujeres que oran estará dispuesta a derribarla!

Eso es lo que necesitamos en el mundo de hoy. Eso es lo que liberará el poder de Dios en tu vida y en la vida de quienes amas. Eso es lo que romperá las cadenas que nos están atando. El poder extraordinario de Dios fluirá a través de las oraciones de personas comunes cuando tengamos la fe para orar, cuando estemos dispuestos a actuar, abrir la puerta y tomar lo que Dios pone delante de nosotros.

Estoy cansado de todas las discusiones acerca de las denominaciones y doctrinas. Estoy cansado de todas las riñas acerca de cuál iglesia es mejor, qué tipo de alabanza es mejor y si podemos acomodar a hombres negros, blancos y marrones en el mismo edificio. Estoy cansado de la iglesia sentada cómodamente en sus cadenas y sin motivación alguna para escaparse de la cárcel de la ineficiencia.

Quiero ver a mujeres comunes que están listas para abrazar vidas extraordinarias edificadas en la oración. Porque cuando las mujeres oran, las personas se liberan del cautiverio.

CAPÍTULO 9

La sunamita

Cuando las mujeres oran, incluso lo que está muerto
puede volver a encontrar la vida.

Ya estaba esperando en la calle cuando su esposo salió de la casa. El hombre se ajustó la túnica mientras caminaba, con la barriga llena una vez más gracias a la comida de la mañana.

«¿Por qué te esfuerzas tanto por encontrar a ese hombre?», le preguntó el esposo. «Si viene hoy, que venga. Si no viene, vendrá otro día. Entra para que el sol no te dé en la cara».

«Sí, esposo mío», contestó ella. Lo observó desde la puerta mientras comenzaba su largo y pesado viaje hacia los campos.

Vendrá hoy, pensó. *Lleva cinco semanas pasando por nuestra ciudad el mismo día. Lo volverá a hacer hoy.*

Por supuesto que todo el mundo en Sunén había escuchado acerca de este profeta llamado Eliseo. Este hombre de Dios. Se contaban historias sobre él desde Jerusalén hasta Damasco y mucho más allá. *Pero yo lo he visto,* pensó. *He hablado con él muchas veces. Y después de hoy, quizá me cuente entre sus amigos, aunque no pertenezco a su pueblo.*

Recordaba su primer encuentro con el hombre de Dios. Cuando lo vio parado en la calle, hablando con su sirviente, le ofreció agua y comida. En ese momento, esa solo era su costumbre. Era una mujer hospitalaria y su esposo tenía recursos. Daba por la alegría de dar.

Mientras hablaba con este hombre, sin embargo, se dio cuenta de que tenía algo diferente. Algo extraño. Tenía una autoridad que no podía pasar inadvertida. Un poder que no había visto ni había percibido siquiera entre los más santos de los sacerdotes de su pueblo.

Es un hombre de Dios en verdad, pensó. *Me da esperanza de que algo así como Dios pueda ser real.*

A partir de ese momento, había permanecido vigilante. A la espera. Cada vez que veía a Eliseo y a su sirviente caminando por la calle, estaba lista con una comida. Algo caliente para beber. Un lugar donde descansar después de una caminata agotadora.

Ahora tenía algo más para ofrecer. Le había costado mucho trabajo, pero su esposo por fin había dado permiso para que uno de sus sirvientes añadiera una habitación en la azotea de su casa. Nada lujoso; sabía que un verdadero hombre de Dios se mostraría escéptico ante los lujos. Aun así, estaba segura de que recibiría con agrado un lugar para descansar. Él y su sirviente.

Solo una habitación, una cama, una silla y una lámpara, pensó. *Una mesa también.*

Vio un remolino de polvo al final del largo camino. ¿Era la silueta de un hombre o de dos? Parecía que eran dos.

De regreso a la casa, llamó a sus sirvientes para empezar los preparativos. Solo algo para comer y beber. Solo una habitación y una silla.

Puede que acepte, pensó. *Y tal vez nuestra casa sea bendecida otra vez debido a su presencia.*

Espacio para Dios

Aquí vemos otra mujer cuyo nombre no se encuentra en las Escrituras. Eruditos y maestros de la Biblia casi siempre se refieren a ella como «la sunamita». Durante milenios no se ha definido por otra cosa más significativa que no sea su pueblo.

Sin embargo, cuando analizamos el texto con más atención, nos podemos dar cuenta enseguida de que esta no era una mujer corriente.

El texto la describe como una «mujer de buena posición», lo que quiere decir que tenía dinero. O tal vez, lo que es más probable, su esposo tuviera dinero. Algunas traducciones antiguas la describen como «una gran mujer». Eso me gusta más.

Además, esta era una mujer muy hospitalaria. Ahora bien, puede que sepas que la hospitalidad era una gran virtud en el mundo antiguo, y todavía es una prioridad muy preciada en el Medio Oriente. Sin embargo, como verás, esta mujer fue más allá de su deber. El texto dice que el profeta Eliseo iba de viaje por Sunén, su pueblo, y ella «le insistió» que comiera en su casa. No «consintió». No «aceptó». No actuó en respuesta a una petición de Eliseo. Por el contrario, vio que Eliseo y su sirviente tenían hambre y, de manera proactiva y con gran generosidad, «insistió» para que se le permitiera satisfacer su necesidad.

He conocido muchas grandes mujeres a lo largo de mi vida. Y cuando digo «grandes», no necesariamente quiero decir «famosas». He tenido excelentes interacciones con Oprah Winfrey, Coretta Scott King y otras mujeres que son grandes y también famosas. En cambio, hay muchas, muchas mujeres en el mundo actual que son grandes y también desconocidas. Que pasan inadvertidas.

Mi madre y mi abuela fueron grandes mujeres, por ejemplo. Mi esposa y su mamá son grandes mujeres. Hay grandes mujeres que asisten a nuestra iglesia cada semana. Hay grandes mujeres que dan de sus propios recursos para bendecir a otros a través de nuestras reuniones de *Woman Thou Art Loosed*. Hay grandes mujeres en las familias y las comunidades a lo largo del mundo que son sabias en sus consejos, generosas en su hospitalidad y fuertes en su conexión espiritual con Dios.

Aquí tienes algo que puedo decir con toda seguridad: Cada vez que tengo el privilegio de interactuar con una gran mujer, salgo bendecido. Salgo lleno. Salgo rejuvenecido y restaurado.

Las grandes mujeres son un increíble recurso para este mundo. Y, según he visto, las grandes mujeres son casi siempre mujeres de oración.

La sunamita era una gran mujer, y tuvo la sabiduría para reconocer la singularidad de Eliseo. En específico, reconoció la conexión de Eliseo con Dios. El mismo Eliseo no era un gran hombre, pero tenía una conexión poderosa con un gran Dios. Por lo tanto, esta mujer construyó una habitación para Eliseo y su sirviente para que la usaran siempre que pasaran por el pueblo de Sunén. Construyó un lugar para que se quedaran donde pudieran tener algo de comodidad y seguridad.

En otras palabras, la sunamita hizo espacio para Eliseo en su casa. Y al hacerlo, hizo espacio para la obra de Dios en su vida.

Me encanta ese cuadro, pues ilustra una importante verdad: Si quieres ver a Dios obrando en tu vida, necesitas hacer espacio para Él. Si quieres experimentar la presencia y el poder de Dios, necesitas darle una habitación para que se mueva. Una habitación para respirar.

De la misma manera, si quieres experimentar las bendiciones de Dios, si quieres que te llene con lo que necesitas y lo que deseas, necesitas hacer un espacio. Necesitas abrir un área en la que puedas recibir lo que necesitas y lo que deseas.

¿Te has dado cuenta de lo ocupadas que están las personas en el mundo actual? En especial las mujeres. A veces, no hay espacio para que quepa nada más. Cuando llenas tu día con trabajo y estás haciendo llamadas incluso mientras estás en el auto, no dejas espacio para Dios. Cuando tienes tantos pasatiempos y proyectos que ni siquiera puedes mantenerte al tanto de lo que está sucediendo, no dejas espacio para Dios. Cuando le das todo lo que tienes a tu familia porque estás desesperada por su aprobación, no dejas espacio para Dios. Y cuando planificas toda una temporada de programas de televisión en tu grabadora de vídeos y solo quieres mirar un episodio tras otro, no dejas espacio para Dios.

Dios no es un vendedor divino de aspiradoras que insistirá en entrar a tu casa y a tu vida. Esperará hasta que le ofrezcas un espacio para obrar, y luego obrará.

Haz un espacio para Dios en tu vida. De otra manera, no tendrás una habitación para la oración.

Necesidades y deseos

Después de recibir la generosidad de esta mujer, Eliseo hizo que su sirviente la llamara y le preguntara: «¡Te has tomado muchas molestias por nosotros! ¿Qué puedo hacer por ti? ¿Quieres que le hable al rey o al jefe del ejército en tu favor?» (2 Reyes 4:13). Eliseo quería pagar su bondad con bondad.

El texto dice que la mujer respondió: «Yo vivo segura en medio de mi pueblo» (v. 13). En otras palabras: «Estoy bien. Tengo todo lo que necesito».

Eliseo siguió indagando. Habló con su siervo, Guiezi, para tratar de saber su opinión sobre alguna manera en la que pudieran devolverle la bondad a esta mujer. Y Guiezi dijo: «Ella no tiene hijos, y su esposo ya es anciano» (v. 14). Qué descripción. Qué resumen de las circunstancias de esa mujer. En el capítulo sobre Sara vimos de qué forma el hecho de no tener hijos era un terrible estigma en el mundo antiguo. Y para hacer las cosas aún peor, el esposo de esta mujer era viejo. Lo que significa que no tenía esperanzas de mejorar su situación.

El profeta llamó otra vez a la sunamita y le dijo: «El año que viene, por esta fecha, estarás abrazando a un hijo» (v. 16).

Fíjate cómo respondió: «¡No, mi señor, hombre de Dios! —exclamó ella—. No engañe usted a su servidora» (v. 16). ¿Por qué esta mujer reaccionaría de manera tan enérgica contra la promesa de un hijo? Porque había sepultado su esperanza tan profundamente que era muy doloroso empezar a cavar otra vez. Esta mujer había acallado su deseo de tener hijos a lo largo de los años. Sentía ese deseo, anhelaba sentir a un bebé en sus brazos y escuchar el sonido de la risa de un niño en su casa. Sin embargo, había apagado esos deseos.

Esta mujer tenía un hueco en su corazón, pero lo había llenado con dinero, posesiones y comodidad en un intento de extinguir su deseo de tener hijos. Había escondido ese deseo y lo había empujado cada vez más a lo profundo hasta que se convenció a sí misma de que estaba muerto.

Sin embargo, ese es uno de los peligros de hacer espacio para Dios en tu vida, porque Él tiene una manera especial de poner su mano sobre lo que más anhelamos. Ese es uno de los peligros de hacer espacio para la oración en nuestras vidas, pues la oración puede traer vida a lo que pensábamos que estaba muerto.

¿Cuántas veces tratamos de convencernos a nosotros mismos de que no necesitamos nada? ¿Cuántas veces tratamos de convencer a otros de que lo tenemos todo bajo control? ¿Cuántas veces tratamos de convencer a Dios? Sentimos el mover de su Espíritu cuando se acerca para ofrecernos una bendición, pero sacudimos la cabeza. «Estoy bien. Tengo todo lo que necesito».

He aquí un principio: No importa lo mucho que te esfuerces, no puedes esconder tus deseos de Dios. No importa cuánto trates de negar tu propio corazón, no puedes esconderle tus anhelos a Dios. Él los conoce. Y pondrá su mano sobre esos deseos cuando le des espacio para hacerlo a través de la oración.

La realidad es que los seres humanos son criaturas adaptables en gran medida. Mientras avanzamos de punto a punto en nuestras vidas, a menudo tenemos que adaptarnos a situaciones que cambian a cada momento. Tenemos que adaptarnos a nuevos sentimientos y a nuevas circunstancias. Tenemos que aprender a operar en condiciones nuevas rodeados de personas nuevas; de otra manera no sobreviviríamos.

Esto es algo bueno, en su gran mayoría. Es algo bueno cuando las personas son capaces de adaptarse a los cambios y continúan bien, porque si algo sabemos acerca de la vida es que el cambio es inevitable.

El problema se produce cuando nuestra adaptación conduce a una aceptación de algo que jamás deberíamos aceptar. Esto casi siempre sucede debido a las pruebas y las tragedias. Cuando nos vemos forzados a soportar circunstancias difíciles, nos adaptamos a dichas circunstancias tratando de encontrar formas de minimizar el dolor que experimentamos. Aprendemos cómo cortocircuitar nuestro propio sufrimiento para poder sobrevivir la situación y seguir adelante.

La sunamita se había adaptado a su situación aceptando su infertilidad. Y, por tanto, se quedó sorprendida y hasta se horrorizó cuando Eliseo tocó su herida.

¿Qué has aceptado en tu vida que no debería estar allí? ¿Qué has aceptado en tu familia que no debería estar allí?

¿Has aceptado la infertilidad espiritual? ¿Has aceptado el quebrantamiento, ya sea en ti o en tus hijos?

¿En tu cónyuge? ¿Has aceptado cargas que nunca se supuso que llevaras? ¿Has aceptado relaciones que te están afectando? ¿Has aceptado el abuso o la infelicidad o la falta de respeto?

Una de las razones por las que tratas de negar tus anhelos y deseos es porque muchas veces te atacó la decepción. Antes, tenías esperanza; creías, esperabas y orabas para que Dios proveyera eso que era tu mayor deseo. Sin embargo, nunca sucedió. Tus oraciones nunca recibieron respuesta. Por lo tanto, para protegerte a ti misma de futuros ataques, para protegerte de la decepción, permitiste que se formara una corteza alrededor de tu corazón. Algo duro. Un callo. Un mecanismo de defensa.

Por fortuna, Dios tiene una manera de atravesar esa corteza. Tiene una forma de romper nuestras defensas y tocar nuestros corazones cuando sabe que es el tiempo adecuado.

Eso fue con exactitud lo que Dios hizo por la sunamita.

La muerte de su sueño

La Escritura es muy objetiva con respecto a este milagro en la vida de la sunamita: «En efecto, la mujer quedó embarazada. Y al año siguiente, por esa misma fecha, dio a luz un hijo, tal como Eliseo se lo había dicho» (versículo 17). Problema resuelto.

Sin embargo, haz un alto un momento e intenta imaginar la alegría que debió sentir esta mujer. La increíble, vivificante y esperanzadora alegría. ¿Puedes verla alimentado al niño al lado de esa misma ventana por la que solía mirar esperando a que pasara Eliseo? ¿Puedes verla llevando al niño hasta el cuarto de Eliseo y dejarlo jugar en la cama cuando el profeta no estaba ahí? ¿Puedes escuchar sus palabras cuando le presentaba el niño a sus vecinas y amigas? «Sí, sabía que iba a ser un varón por la promesa del profeta».

Me encanta cuando las grandes mujeres reciben regalos grandes. Muchas mujeres están acostumbradas a dar todo el tiempo. Les dan su tiempo a otros. Les dan su talento a otros. Les dan sirviendo a quienes aman su energía y su fuerza, e incluso a veces su sensatez a medida que realizan una tarea tras otra, un proyecto tras otro.

Es maravilloso cuando esas mujeres tienen un momento en que les dan en vez de dar.

Entonces, qué trágico resulta lo que leemos después:

El niño creció, y un día salió a ver a su padre, que estaba con los segadores. De pronto exclamó:

—¡Ay, mi cabeza! ¡Me duele la cabeza!

El padre le ordenó a un criado:

—¡Llévaselo a su madre!

El criado lo cargó y se lo llevó a la madre, la cual lo tuvo en sus rodillas hasta el mediodía. A esa hora, el niño murió. Entonces ella subió, lo puso en la cama del hombre de Dios y, cerrando la puerta, salió. (vv. 18-21)

Nuestra reacción inmediata a estos versículos es: ¿Cómo? ¿Por qué? Después de todo lo que esta mujer había experimentado, después que por fin recibió el deseo de su corazón, ¿por qué Dios le quitaría al niño? ¿Cómo pudo pasar eso?

Ahora bien, no quiero entrar en detalles, pero necesito hacer una pausa por un momento y mirar la estupidez del esposo de la sunamita. Este es la clase de hombre que me colma la paciencia.

Por un lado, el niño está ahí en el campo, gritando: «¡Ay, mi cabeza! ¡Me duele la cabeza!». Es probable que entiendas que las cabezas son importantes. La madre del niño sabía que las cabezas son importantes. Los criados que estaban allí en el campo también lo entendían. El padre, en cambio, no tenía ni la menor idea. Le dijo a uno de los criados: «¡Llévaselo a su madre!». El hombre no tuvo la empatía ni la urgencia emocional siquiera para llevar a su propio hijo a un lugar seguro. Le dio el niño a uno de sus criados y siguió trabajando.

Más tarde ese día, después que el niño murió, la sunamita llamó a su esposo y le pidió un burro para poder llegar «rápido» a donde estaba el hombre de Dios. «¿Para qué vas a verlo hoy? —le preguntó su esposo—. No es día de luna nueva ni sábado» (v. 23).

No hacía mucho rato que le habían llevado al hijo de este hombre a su madre, gritando de dolor, porque algo andaba mal con su cabeza. Luego, la mamá sale corriendo de la casa y dice: «Tengo que ver pronto al predicador. Búscame un burro para poder ir lo más rápido posible». Cualquier persona inteligente habría sido capaz de hacer una conexión entre esos dos eventos. Cualquier padre que se preocupa por su familia debió haberse dado cuenta de que algo andaba mal con su hijo. Como mínimo, un esposo que sabe algo acerca de su esposa debe ser capaz de reconocer en su cara que está enfrentando algo muy serio y que está aterrada.

Pero no. Este tonto preguntó: «¿Para qué necesitas ver al predicador? No es domingo». El hombre nunca dejó su trabajo. El hombre nunca preguntó qué andaba mal. El hombre ni siquiera estaba al tanto de que su propio hijo había muerto.

Hay un dicho que dice que detrás de cada gran hombre hay una gran mujer, pero lamento decir que lo opuesto no siempre es cierto. Hay muchas grandes mujeres en el mundo actual que sufren bajo el liderazgo de brutos. Hay muchas hijas maravillosas cuyo crecimiento y visión de la vida se atrofian debido a que están atascadas con padres negligentes.

En resumen, hoy en día hay muchas grandes mujeres que están casadas con grandes tontos que se supone que son hombres. La pura verdad es que los esposos pueden decepcionarte. Tu familia extendida puede decepcionarte. Incluso, los sistemas en nuestras iglesias, en nuestras comunidades y en nuestras naciones pueden decepcionarte y pueden tratar de dejarte en ese estado.

Todas esas son razones importantes por las que las mujeres necesitan orar.

Eso fue lo que hizo la sunamita. Su sueño había murió en sus brazos. El hijo que había anhelado sostener durante tantos años, el hijo que Dios le prometió y le concedió, se había ido. Y estaba desesperada. Hizo lo único que se le ocurrió, que fue correr al hombre de Dios.

Cuando llegó a donde estaba Eliseo, el texto dice que «se le abrazó a los pies» (v. 27). Lo asió. Se aferró al único poder que esperaba que fuera lo suficientemente fuerte como para hacer algo en cuanto a su situación.

¡Ah, espero que seas como esta mujer cuando la tragedia llegue a tu hogar! Ah, que puedas responder de la manera en que esta mujer respondió cuando la desesperación y la desesperanza amenacen a tu familia.

¿Cuántas veces respondemos a la tragedia con estoicismo? ¿Cuántas veces tratamos de fingir que todo está bien? ¿Cuántas veces tratamos de convencernos a nosotros mismos que en realidad no necesitamos eso que perdimos, esa persona, ese sueño, esa visión o esa verdad, solo porque la perdimos? Ese es el camino fácil. Esa es la salida del cobarde. Fingir que algo no nos duele cuando todos pueden darse cuenta de que estamos devastados y afligidos.

La sunamita hizo lo adecuado cuando corrió a Dios, corrió a su profeta. Y cuando llegó a donde estaba Eliseo, se echó al suelo y le abrazó los pies. No solo eso, sino que le dijo a Eliseo: «Tan cierto como que el Señor vive y que usted vive, yo no regresaré a mi casa a menos que usted venga conmigo» (v. 30, NTV).

En otras palabras, esta mujer no iba a dejar ir al profeta de Dios hasta que Dios liberara su poder para resolver su problema.

Ese es un cuadro de la oración. No niegues tus necesidades. No niegues el dolor que sientes. ¡Corre a Dios! ¡Agárrate de Él y no lo dejes ir! Porque Dios es capaz de revivir tus sueños, incluso cuando te parece a ti y a todos los que te rodean que hace mucho tiempo que murieron.

Para terminar la historia, Eliseo fue con la mujer a su casa y entró en la habitación para ver a su hijo. Se tendió sobre el niño; el texto dice: «boca a boca, ojos a ojos y manos a manos» (v. 33). Y el cuerpo del niño se transformó de la frialdad de la muerte al calor de la vida. La Escritura dice que «el niño estornudó siete veces y abrió los ojos» (v. 35, NTV).

Luego, Eliseo llamó a la mujer y le dijo que entrara a la habitación, y le presentó a su hijo vivo, riendo, respirando y estornudando. Su sueño estaba vivo una vez más. ¿Por qué? Por la oración. Porque se negó a aceptar su situación como estaba y, en vez de eso, decidió correr en busca del profeta de Dios y del poder de Dios.

Espero que tomes la misma decisión cuando parezca que tus sueños están muriendo; cuando parezca que hasta la esperanza se te escapa entre los dedos. Espero que corras a Dios y le abraces los pies. Espero que lo agarres y no lo dejes ir.

Porque cuando las mujeres oran, incluso lo que está muerto puede volver a encontrar la vida.

CAPÍTULO 10

Ana, la profetisa

*Cuando las mujeres oran, la gente encuentra
la salvación.*

Ana sintió un cosquilleo en la parte de atrás
del cuello. Un hormigueo que era, a la vez,
extraño y conocido. Al mirar hacia arriba, pensó
que una ráfaga de viento tenía que haber pasado
por los portales del templo, pero entonces se dio
cuenta de que todavía estaba usando su manto. Tenía la piel cubierta.

Tal vez una clase de viento diferente, pensó. *Tal vez otro
tipo de aliento.*

Tomó su bastón y, luego, poco a poco y con cuidado, consciente de cada movimiento, se levantó. Las

rodillas le sonaron cuando se enderezó. La espalda le traqueó. Había estado orando durante muchas horas, y sabía por experiencia que necesitaba algunos minutos antes de poder caminar.

Un día no podré pararme, pensó. *Solo me quedaré en el suelo hasta que alguien encuentre el cuerpo.*

El pensamiento no la afligió. Tenía ochenta y cuatro años, y había pasado más de sesenta años viviendo y adorando en el templo. Con toda seguridad, esperaba morir allí.

Cuando el doloroso hormigueo que le bajaba y le subía por las piernas comenzó a disminuir, Ana decidió dar algunos pasos. Todo parecía estar funcionando. Cambió de dirección y empezó a caminar hacia su pequeño cuarto, construido contra la pared exterior del templo.

Por alguna razón, los pensamientos de Ana regresaron a su esposo mientras caminaba. Había estado pensando en él con más frecuencia durante las últimas semanas, aunque no había visto su rostro durante más de sesenta años.

¿Qué diría si me viera arrastrando los pies así?, se preguntó. La respuesta le vino a la mente casi de inmediato. *Diría que es irónico que la chica que siempre soñaba con viajar a ciudades distantes pasara toda su vida en el mismo patio haciendo lo mismo día tras día.*

Se rio con solo pensarlo. Su esposo sí tenía un buen sentido del humor.

Siempre había muchas personas caminando por los portales del templo, y muchas voces llamándose y gritándose unas a otras. Casi siempre las ignoraba, aunque su sentido del oído estaba tan bien como siempre. Sin embargo, hoy volteó la cabeza al sonido de la voz de Simeón. Otro viejo soldado, como ella misma. Otro que pasó su vida esperando para ver lo que todo el mundo esperaba ver, pero que casi nadie creía que aparecería en realidad.

«Porque mis ojos han visto tu salvación», estaba diciendo Simeón. Sostenía a un niño en sus brazos, muy pequeño, con ambos padres a su lado. Protegiéndolo. «Una luz se ha revelado a los gentiles, y la gloria de tu pueblo».

¿Podría ser?, se preguntaba Ana. Apresuró el paso mientras la joven madre tomaba al bebé de los brazos de Simeón. Estaba sonriendo. Una chica encantadora. Muy joven.

Sin embargo, Ana solo tenía ojos para el niño.

Sí, pensó. Mi Señor y mi Dios, después de todos estos años... sí.

Esclavos y salvadores

Ana es un interesante personaje en las Escrituras por muchas razones. Por una parte, tenía ochenta y cuatro años durante un período en la historia en que la expectativa promedio de vida puede que fuera cuarenta o cincuenta años. Además, el texto dice que Ana estuvo casada con su esposo durante «siete años» antes de que él muriera. Luego, después de la muerte de su esposo, pasó el resto de su vida, que es probable que fueran más de sesenta años, orando y adorando a Dios en el templo. Literalmente. El texto dice: «Nunca salía del templo, sino que día y noche adoraba a Dios con ayunos y oraciones» (Lucas 2:37).

Bueno, me encanta lo que hemos construido en la *Potter's House* [La Casa del Alfarero] en Dallas. Me encanta pasar tiempo allí a lo largo de la semana y, de manera especial, saboreo cada servicio dominical con la comunidad de nuestra iglesia. En cambio, todavía hay algunos momentos en los que necesito volver a mi propia casa, a mi propia habitación, sentarme en mi propia silla y relajarme un poco con algo de carne y un buen libro. Necesito un poco de tiempo para mí.

Ana no. Es probable que tuviera un pequeño cuarto para ella en el terreno del templo, y era allí donde se quedaba. Su vida estaba dedicada por completo a la adoración, al ayuno y a la oración.

Lo más interesante acerca de Ana, sin embargo, es su título. La Escritura dice: «Había también una profetisa, Ana, hija de Penuel, de la tribu de Aser» (v. 36). Ana era profeta. Era una de esos individuos únicos de su generación que escuchaban la voz de Dios de una manera poderosa y estaba encargada de comunicarle sus palabras al pueblo judío y más allá.

Puede que te sorprenda que Ana no fuera la única mujer profetisa en la Biblia. En realidad, había muchas más. Miriam, hermana de Moisés, fue la primera mujer a la que se le dio ese título (lee Éxodo 15:20). Débora fue una de las «juezas» que condujo a los israelitas antes del establecimiento de la monarquía bajo el rey Saúl; también se le describe como «profetisa» (Jueces 4:4). Huldá fue una profetisa que ministró durante el reinado de los reyes de Israel (lee 2 Crónicas 34:22). Isaías el profeta se casó con una profetisa (Isaías 8:3). Y en el Nuevo Testamento, Felipe el evangelista tenía cuatro hijas solteras, y el texto dice que todas «profetizaban» (Hechos 21:9).

El punto es que las mujeres tienen acceso al Dios Todopoderoso mediante una línea directa, al igual que los hombres. Sí, hay papeles bíblicos establecidos en la familia para los esposos y las esposas. Y sí, en el Nuevo

Testamento hay instrucciones sobre cómo estructurar la autoridad y la enseñanza dentro de la iglesia. Sin embargo, a nivel personal, no existe el requisito de que una mujer tenga que acudir a un hombre para conectarse con Dios. Las mujeres pueden alzar ese gran teléfono rojo y tener acceso inmediato al Rey.

Eso nos lleva a una importante pregunta: ¿Qué estás haciendo con ese acceso? ¿Con cuánta frecuencia alzas ese teléfono rojo? Porque recuerda, tu línea directa con Dios solo te beneficiará siempre y cuando la uses. Por eso es que voy a continuar llamando a las mujeres de todos los lugares a orar.

Bueno, es probable que el estatus de Ana como profetisa significara que conocía los escritos del Antiguo Testamento. Quizá sea por eso que el texto enfatiza a su padre, Penuel. Verás, la mayoría de las mujeres en el mundo antiguo tenían prohibido aprender mucho en lo que a la escuela se refiere. Casi siempre tenían prohibido aprender a leer y escribir, y casi siempre se les negaba el acceso a estudiar la Palabra de Dios.

Me pregunto, entonces, si Penuel era un poco inconformista. Me pregunto si decidió hacer las cosas de modo diferente y determinó que su hija necesitaba entender las Escrituras. Si es así, Penuel debió haberle enseñado acerca de los patriarcas judíos: Abraham, Isaac y Jacob. Debió haberle enseñado acerca de otros personajes clave tales como David y Salomón, Elías y Eliseo, Daniel y Ezequiel.

Con toda seguridad, Penuel debió haberle enseñado a su hija acerca de Moisés. Seguro que la condujo a través del libro de Éxodo y le describió la esclavitud de los israelitas durante su tiempo en Egipto. Seguro que le narró la historia del primer intento de Moisés para rescatar a su pueblo, cuando mató al guardia egipcio y luego terminó huyendo a Madián, donde vivió como pastor, en desgracia, durante cuarenta años. Me imagino a Penuel pintando vívidos cuadros de la zarza ardiente y del llamado de Dios a Moisés para que regresara a Egipto. Casi puedo ver el miedo en los ojos de Ana y escuchar sus susurros reprimidos mientras Penuel describía cada una de las diez plagas en detalle, culminando con la muerte del propio hijo de Faraón. Me imagino que escondió la cabeza debajo de una manta por el miedo cuando su padre le contó sobre el ejército de Faraón persiguiendo a los israelitas hasta la orilla del mar Rojo, y me la imagino sonriendo aliviada cuando le dio la buena noticia de que Dios liberó a su pueblo abriendo las aguas a la orden de Moisés y les permitió caminar a través de los peligros de las aguas en tierra seca.

¿Por qué estoy hablando tanto de Moisés aquí? Porque si Ana comprendió la forma en que su pueblo, los israelitas, fueron rescatados de la esclavitud de Egipto, tuvo que haber reconocido una esclavitud similar en su propia época.

El pueblo judío de la época de Ana no estaba de regreso en Egipto, pero lo cierto es que lo vendieron como esclavos mientras habitaban su propia tierra. El Imperio romano los conquistó. Los ciudadanos de Jerusalén y de los pueblos a su alrededor eran vasallos de Roma. Al pueblo escogido de Dios lo obligaban a pagar impuestos a gobernantes extranjeros y a rendir honor a dioses extranjeros.

En otras palabras, Ana debió haber reconocido que su pueblo estaba, una vez más, en necesidad de un Moisés; una vez más estaba en necesidad de un salvador. Y, mientras vivía, adoraba y oraba en el templo día tras día, año tras año, Ana creía que ese salvador llegaría pronto.

¿Sabías que la esclavitud todavía es un gran problema en el mundo actual? Los expertos estiman que hay alrededor de cuarenta millones de personas esclavizadas a lo largo del mundo en la actualidad. Hoy en día. Eso es más que la población de las grandes ciudades de Nueva York y Los Ángeles *combinadas*. Casi la mitad de esos cuarenta millones de personas y familias están encerradas en la «esclavitud laboral», que es cuando los esclavos tienen deudas con sus «empleadores» que son imposibles de pagar. Esas personas siguen trabajando día tras días en fábricas asquerosas y en condiciones miserables, pero ganan menos dinero del que necesitan para vivir. Mientras más trabajan, más aumenta su deuda.

El tráfico sexual y la esclavitud sexual constituyen otra gran porción de esos cuarenta millones de esclavos modernos. Es más, las mujeres y las niñas conforman el setenta y un por ciento de todas las personas que todavía están esclavizadas en el mundo actual[1].

Esa es otra razón por la cual deben orar las mujeres.

Sin embargo, hay otros tipos de esclavitud más allá de la física. Puedes estar bajo la esclavitud de la adicción, por ejemplo. Lo que empezó como algo divertido o como una forma de relajarte se puede convertir enseguida en algo muy serio. Cuando tus propias elecciones te han encadenado y ya no te sientes en control de tu propia vida, mejor te vuelves a la oración.

Puedes estar bajo la esclavitud de la injusticia. Tú y tu esposo trabajan duro todos los días para tratar de mantener a la familia. Ahorran recursos cuando pueden, pero tal parece que nunca hay suficiente. Han hablado largamente acerca de opciones para escaparse, para avanzar y salir de eso, pero las opciones nunca se convierten en oportunidades. Estás presa en un sistema que te limita.

Tus deseos también te pueden esclavizar: tus ansias y tus anhelos. Te sientes bien cuando te compras algo nuevo. Algo bonito. Tal vez te sube la autoestima cuando tu ropa luce mucho mejor que la de tus compañeras de trabajo. Te sentiste genial cuando tu vecina vio el auto nuevo en la entrada de tu casa. Aun así, las buenas sensaciones nunca duran. Nunca te satisfacen, y siempre te dejan queriendo ese nuevo artículo. Ese nuevo arreglo. Tus intentos de comprar el camino hacia una vida plena te han esclavizado.

Aquí tienes un principio que espero que recuerdes: cuando eres esclava de algo más poderoso que tú misma, no tienes esperanza de escaparte con tu propio poder. Necesitas un salvador.

Una oración de salvación

Hay muchas cosas que podemos admirar en Ana. A pesar de que solo podemos leer acerca de ella en dos o tres versículos de la Biblia, hay mucho en su vida que podemos imitar en nuestras propias vidas.

Por ejemplo, fíjate en la *persistencia* de las oraciones de Ana. Estaba dedicada a la oración como el principal elemento de su vida. En el caso de muchos de nosotros, la oración es algo que hacemos cuando lo podemos acomodar en nuestro horario. Podemos encontrar un poco de tiempo para ella. Es decir, tenemos nuestras principales prioridades aquí en un lado, y estas determinan más o menos cómo enfocamos nuestro día, nuestra semana, nuestro mes, etc. Luego, en la medida de lo posible, incorporamos otras ideas o ideales que consideramos importantes, como la oración.

No era así que Ana vivía su vida. Nunca abandonaba el templo, pues la oración *era* su vida. Era su prioridad. La oración era la base sobre la que construía todo lo demás en su día, su semana, su mes, etc.

Fíjate también en la *diversidad* de la vida de oración de Ana. Es fácil quedar atascado en la rutina en nuestra vida de oración. Si no tenemos cuidado, terminamos haciendo la misma cosa una y otra vez, diciendo lo mismo una y otra vez. «Querido Dios, gracias por este día. Por favor, ayúdame a hacer X, por favor dame Y, y por favor muéstrame Z. En el nombre de Jesús, amén».

Ana no oraba así. Mezclaba las cosas. Por una parte, era una mujer de adoración. Mientras ministraba en el templo cada día, alababa a Dios por su carácter. Proclamaba su bondad y su fidelidad. Daba la gloria *a* Dios, en vez de usar siempre la oración como una oportunidad de obtener algo *de* Dios.

Además, Ana incorporó el ayuno como parte de su vida de oración. Como vimos con Ester, ayunar es decidir negar algo que necesitas en el terreno físico para poder concentrarte en necesidades y deseos mayores en el terreno espiritual. Esa fue Ana: decidió renunciar con regularidad al placer y al sustento temporal de la comida para poder suplicarle a Dios acerca de su gran necesidad de salvación. De sanidad en su vida y en la vida de su pueblo. A fin de que Dios los rescatara de la maldad que los rodeaba.

Por último, fíjate en la *disciplina* de la vida de oración de Ana. Oraba según un horario: «día y noche», de acuerdo a lo que dice el texto. A propósito, hacía de la oración una prioridad y sus acciones reflejaban dicho propósito. Tenía la clase de disciplina interna que lleva a muchas personas exitosas a ordenar sus vidas según lo que quieren, en vez de permitir que el caos de la vida las empuje de un lado a otro como si fueran botes a la deriva a merced del viento y de las olas.

Sí, hay muchas cosas que podemos imitar con respecto a la disciplina de Ana en la oración, a la diversidad de los métodos que usaba mientras oraba y a su persistencia en venir ante el Señor cada día durante un período no solo de años, sino de décadas.

Hagamos una pausa aquí. Porque una de las preguntas que necesitamos hacer cuando leemos acerca de Ana es esta: ¿Cuál era el motivo por el que había estado orando todos esos años? Como vemos: «Nunca salía del templo, sino que día y noche adoraba a Dios con ayunos y oraciones» (v. 37). Entonces, ¿cuál era el motivo de su adoración, de su ayuno y de sus oraciones?

En otras palabras, ¿qué quería?

Creo que Ana se enfocaba en el Mesías. Oraba por un salvador, no solo para ella, sino para su pueblo, y para el mundo.

Las escrituras del Antiguo Testamento están llenas de profecías que apuntan al Mesías, al que podría venir como un segundo Moisés y sacar al pueblo de Dios de la esclavitud. En Génesis, Dios le dijo a Abraham: «Bendeciré a los que te bendigan y maldeciré a los que te maldigan; ¡por medio de ti serán bendecidas todas las familias de la tierra!» (Génesis 12:3). Esa es una gran promesa.

Más adelante, Dios le hizo una promesa similar a David: «Cuando tu vida llegue a su fin y vayas a descansar entre tus antepasados, yo pondré en el trono a uno de tus propios descendientes, y afirmaré su reino. Será él quien construya una casa en mi honor, y yo afirmaré su trono real para siempre. Yo seré su padre, y él será mi hijo. Así que, cuando haga lo malo, lo castigaré con varas y azotes, como lo haría un padre» (2 Samuel 7:12-14). *Para siempre* es una expresión muy contundente.

Y luego, en Malaquías 4, el último capítulo de la parte de la Biblia a la que nos referimos como el Antiguo Testamento, Dios declaró:

> «Miren, ya viene el día, ardiente como un horno. Todos los soberbios y todos los malvados serán como paja, y aquel día les prenderá fuego hasta dejarlos sin raíz ni rama —dice el Señor Todopoderoso—. Pero para ustedes que temen mi nombre, se levantará el sol de justicia trayendo en sus rayos salud. Y ustedes saldrán saltando como becerros recién alimentados. El día que yo actúe ustedes pisotearán a los malvados, y bajo sus pies quedarán hechos polvo —dice el Señor Todopoderoso. (vv. 1-3)

Esas son solo algunas de las antiguas promesas que apuntan a un salvador futuro. Ana estaba familiarizada con todas ellas. Se aferraron a esas promesas incluso cuando Roma los tenía atados con grilletes y los oprimía en el polvo de su propia tierra.

Por eso es que Ana dedicó su vida a la oración. Porque estaba desesperada por ver que «viene el día». Anhelaba que el «sol de justicia» se levantara para traer «en sus rayos salud». Más que cualquier otra cosa, quería estar entre su pueblo cuando corrieran a las calles para danzar y brincar «como becerros recién alimentados».

Quería experimentar el gozo de la salvación. Y por eso oraba.

¿Y tú? ¿De qué necesitas que te rescaten en el día de hoy? ¿En qué aspectos de tu vida te sientes esclavizada o atada? ¿Adónde clamas por salvación?

Dios cumple sus promesas

A medida que nos acercamos al final de este libro acerca de la oración, sería negligente si no menciono que la *conexión* con Dios es uno de los prerrequisitos de la oración. Para comunicarte con Dios, debes tener una conexión con Él; tienes que conocerlo y Él tiene que conocerte a ti.

Míralo de esta manera: tratar de orar sin ninguna conexión con Dios es como tratar de hacer una llamada telefónica sin ningún servicio celular. Puedes buscar en tus contactos para encontrar el número y marcar diferentes teléfonos. Incluso, puedes hablarle al teléfono e imaginarte que hay alguien allí que escucha lo que dices. En cambio, si no hay servicio celular, si no hay conexión entre tú y la persona que tratas de llamar, tus esfuerzos son en vano.

Así que, mi hermana, permíteme preguntarte: ¿tienes una conexión con Dios?

La Biblia dice que, en nuestro estado natural, los seres humanos estamos separados de Dios. Estamos alejados. No hay señal. ¿Por qué? Porque Dios es perfecto y nosotros no. Porque Dios es santo y nosotros somos pecadores. De acuerdo al apóstol Pablo: «todos han pecado y están privados de la gloria de Dios» (Romanos 3:23). No solo eso, sino que «la paga del pecado es muerte» (6:23). El énfasis en este versículo no solo está en la muerte física, sino en la muerte espiritual. La separación de Dios. No hay señal.

Las buenas nuevas del evangelio es que hay una solución para esa separación. Es posible restablecer el servicio. ¿Cómo? Por medio de Jesucristo. Por medio de una conexión personal con Jesucristo, quien «quita el pecado del mundo» (Juan 1:29). Jesús es Dios encarnado que vino a la humanidad a fin de reconectarla con Dios.

Y si no lo sabes, Jesús es el bebé que Ana tuvo en sus brazos tras más de sesenta años de orar por la salvación de Dios. Por un rescate. Por un salvador. Acercándose a María y a José, los padres de Jesús, Ana «dio gracias a Dios y comenzó a hablar del niño a todos los que esperaban la redención de Jerusalén» (Lucas 2:38).

Imagínate la alegría que sintió Ana en ese momento. Imagínate su asombro cuando vio a la esperanza del mundo contenido en esa pequeña mano. ¿Habrá pensado en todo lo que su padre le enseñó acerca de Moisés? ¿Acerca del rescate, de la redención y del poder de Dios para salvar? Pienso que sí.

Ese momento es una prueba de que Dios es fiel en el cumplimiento de sus promesas, en especial cuando el pueblo de Dios ora. Ana había estado ayunando, orando y adorando durante décadas porque estaba desesperada por salvación. Estaba desesperada para que Dios cumpliera su promesa de un Salvador. Y Dios fue fiel en responder.

La increíble noticia en todo esto es que Dios también promete contestar nuestras oraciones. Hablando a través del profeta Isaías, dijo: «Antes que me llamen, yo les responderé; todavía estarán hablando cuando ya los habré escuchado» (Isaías 65:24). Hablando a través del apóstol Juan, prometió: «Esta es la confianza que tenemos al acercarnos a Dios: que, si pedimos conforme a su voluntad, él nos oye. Y, si sabemos que Dios oye todas nuestras oraciones, podemos estar seguros de que ya tenemos lo que le hemos pedido» (1 Juan 5:14-15).

Cuando clamas a Dios por salvación, Él te escucha. Cuando clamas a Dios por paz en medio de un mundo turbulento, Él te escucha. Cuando clamas a Dios por amor, bondad y ternura debido a que estás sola y con miedo, Él te escucha. Cuando te agarras de los pies de Dios y te niegas a soltarte, como lo hizo la sunamita, Él no tratará de soltarte de un puntapié; Él te escuchará.

Siempre que ores, Dios te escuchará. Y te responderá.

Esa es la promesa en la que las mujeres pueden descansar cuando oran. Ese es el poder al que las mujeres pueden tener acceso cuando oran; esa es la conexión con el Dios Todopoderoso. Ese es el asombro y la alegría que las mujeres pueden experimentar cuando hablan con Dios y luego escuchan su respuesta, porque Él sí responde.

Así que, ora. Porque cuando las mujeres oran, Dios responde y la gente encuentra la salvación.

Conclusión

Terminaré este libro en el regazo de mi abuela materna. Era aparcera, junto con mi abuelo, y crio quince hijos durante la Gran Depresión. Enfrentó todas las desventajas imaginables asociadas con la época y las complejidades raciales del pasado disfuncional de nuestro país. El primer recuerdo que tengo de ella se remonta a cuando estaba en preescolar e hicimos la peregrinación anual desde West Virginia hacia el sur para reunirnos con nuestra cultura, contarnos nuestras historias familiares y reencontrarnos con nuestros parientes del sur. En esa ocasión en particular, mi abuela estaba sentada en un viejo sillón de madera en su modesta sala, a solo unos pasos del camino de arcilla roja que conducía a su casa.

Nos encontramos en la intersección de mi comienzo y su final. Estoy seguro de que era demasiado pequeño como para comprender por completo que esos momentos dejarían una impresión indeleble y una conciencia inextinguible de quién era yo también. No tenía idea de que ella estaba llegando al final de su vida. Recosté mi cabeza en su regazo, apreciando los momentos a su lado, tratando de extraer de su profunda mirada resuelta y de sus coloquialismos de antaño, la sabiduría que daría forma a mi vida. Recuerdo que con una anticuada colcha decorada cubría su regazo. Todavía me acuerdo de la sensación de la tela anudada donde se habían mezclado fragmentos de cortinas, vestidos y pantalones viejos que estaban cosidos con sumo cuidado para formar una hermosa cubierta, pero hecha con sencillez, para sus rodillas doloridas.

En el centro de su regazo había una enorme Biblia con letras lo bastante grandes como para poder leerlas con la poca vista que tenía. Era la clase de Biblia que la mayoría de las personas colocarían en una mesita de la sala o en una repisa. La Biblia estaba llena de recortes, fotos familiares, notas y otros tesoros.

Susie Williams Patton era el nombre de la madre de mi madre. Durante años había servido como misionera en la *Morning Star Baptist Church* [Iglesia Bautista Estrella de la Mañana], en Marion, Alabama. Sus años de enseñanza en la Escuela Dominical, de ayudar en partos, de cuidar enfermos y de ayudar a los necesitados habían dejado su huella. Sin embargo, la colcha sobre sus rodillas la ayudaba a aliviar la artritis en sus huesos. Y sus ojos brillantes y su caprichoso pelo gris enmarcaban su curtida piel morena de tal manera que me parecía una *Mona Lisa* negra.

Al igual que la colcha de mi abuela, me he dado cuenta de que las mujeres son piezas de tela variadas, ni monolíticas ni monocromáticas. Cada mujer viene con su propia historia, muy parecida a las de las mujeres que estudiamos en este libro. Quitarles sus historias únicas en nombre de la conformidad arruinaría la autenticidad de las narrativas que describen. De la misma manera, las mujeres en este libro no son vecinas ni vivieron en la misma época. Miles de años separan sus historias. Tienen diferentes influencias étnicas, experiencias únicas y diversos rangos de influencia. No obstante, el hilo que las une en una colcha que calienta el corazón es el hilo de la fe y la oración. Ese hilo une sus historias y crea un poder común.

Por favor, no abandones tu propia singularidad para vivir de acuerdo con las expectativas que otros tienen de ti. La fe no necesita uniformidad para ser eficaz. En vez de eso, mi hermana, ¡camina tu senda, mantén tu opinión y persigue tu sueño! Eso sin importar que tengas o no tengas hijos, de que te cases o vivas sola, de que te matricules en una universidad de alto rango o de que conduzcas un camión por todo el país. Dios no necesita producirte artificialmente para convertirte en una fuerza que pueda ser reconocida. Por el contrario, eres un original de un diseñador, con un interior a la medida y un potencial ilimitado. Creo que va a usar tu viaje como una fuente de calor y comodidad para este mundo casi siempre frío y solitario.

Tu fe conformará cada parte de tu vida. Juntará los retazos de los errores del pasado, y también entretejerá tus logros y tus conquistas del futuro. Solo convéncete de que tú y Dios son suficientes para soportar las noches tormentosas de la vida. Siempre y cuando te mantengas fiel a su Palabra y no cedas a las limitaciones que te impongan los Tomás que dudan de ti y subestiman tu valor, ¡siempre te levantarás victoriosa!

Entiende que el valioso tesoro de tu herencia te ha equipado de tal manera que la victoria está en tus huesos. El latido de muchos sobrevivientes rodea las mismas células de tu existencia.

Estás creando el cuadro de las posibilidades inimaginables que tus descendientes podrán alcanzar. Los hijos de tus hijos recibirán la influencia de tu vida y de tu historia. Por lo tanto, te aconsejo que permitas que el legado de grandeza continúe a través de ti para alcanzar a otros. En esos momentos inevitables de dolorosa incertidumbre, date cuenta de que todas estas mujeres de la Biblia son tus hermanas en la batalla, tus antepasados. Reflexiona en sus historias, llénate de su fuerza y sigue adelante.

En resumen, cada una de estas asombrosas mujeres de la Biblia son tus abuelas de fe. Su ADN está en ti. Su valor corre por tus venas como la sangre. Y cuando la vida se vuelva difícil y las noches parezcan frías, regresa a mirarlas, ¡regresa a mirar a su Dios y cree que Aquel que comenzó la buena obra en ti te guiará como hizo con ellas! Hasta que tu viaje te lleve al ritmo del sillón de mi abuela, entiende que el Dios de toda consolación y toda gracia es la guía y la ruta que te ayudará a terminar tu carrera.

En las palabras de la difunta Aretha Franklin: «¡Manténganse firmes!». Ustedes son mis hermanas, mis tías y abuelas, mis hijas y esposas, y las amo. Llenen las juntas directivas, los juzgados, las aulas y todas las habitaciones por donde caminen. Vivan al ritmo de sus sueños y lleven la Palabra de Dios en su regazo.

¡Un día tus nietos reposarán sus cabezas en tu regazo y mirarán con asombro cómo lo lograste! Hasta entonces, Aquel que te comenzó terminará su obra de arte, ¡uniendo cada pieza para su propósito supremo!

Notas

Introducción

1. «Some of Her Favorite Pray», motherteresa.org, https:// www.motherteresa.org/her-favorite-prayers.html, consultado el 23 de marzo de 2020.
2. Fuentes sobre la vida y la rutina diaria de la madre Teresa: Dick Durbin, «A Day with Mother Teresa», *Huffington Post*, 6 de diciembre de 2017, https://www.huffpost.com/ entry/a-day-with-mother-teresa_b_11914914; Sean Callahan, «Songs in the Darkness: Mother Teresa's Inner Strength», Beliefnet, https://www.beliefnet.com/faiths/ catholic/2007/09songs-in-the-darkness-mother-teresas-inner-strength.aspx.
3. Lynn Okura, «The One Thing Maya Angelou Knows for Sure», *Huffington Post*, 17 de septiembre de 2013, https://www.huffpost.com/entry/maya-angelou-and-oprah_n_3936740.

Capítulo 2

I. Erika Edwards, «African Americans "Disproportionately Affected" by Coronavirus, CDC Report Finds», *NBC News*, 8 de abril de 2020, https://www.nbcnews.com/ health/health-news/african-americans-disproportiona- tely-affected-coronavirus- cdc-report-finds-n1179306.

Capítulo 3

I. C.S. Lewis, *Las crónicas de Narnia: Obra completa*, Editorial Destino Infantil & Juvenil, Cataluña, España, 2005, p. 60 (del original en inglés).

Capítulo 4

I. Rich Robinson, «The Tallit and Tzitzit», *Jews for Jesus*, 9 de enero de 1994, consultado el 31 de marzo de 2020, https://jewsforjesus.org/publications/newsletter/ nesletter-sep-1993/the-tallit-and-tzitzit.

Capítulo 8

I. «Criminal Justice Fact Sheet», NAACP, https://www. naacp.org/criminal-justice-fact-sheet.

Capítulo 10

I. Terry Fitzpatrick, «Shocking Statistics, Encouraging Commitments at United Nations», FreetheSlaves.net, 21 de septiembre de 2017, https://www.freetheslaves. net/shocking-statistics-encouraging-commitments- at-united-nations.

Acerca del Autor

T. D. Jakes es autor número uno en ventas del *New York Times* de más de cuarenta libros, y es el director ejecutivo de *TDJ Enterprises, LLP*. Su ministerio en programas de televisión, *The Potter's Touch*, es visto por 3,3 millones de espectadores cada semana. Ha producido música y películas ganadoras de premios Grammy como *El Cielo es real, Milagros del cielo, y Dos familias y una boda*. Siendo maestro en la comunicación, organiza *MegaFest, Woman Thou Art Loosed* y otras conferencias a las que asisten decenas de miles de personas. T. D. Jakes reside en Dallas, Texas.